Wir lieben das Landleben.

W0176496

Sylvie Blondeau

Mein Atelier
Couture

30 pfiffige Ideen
für Täschchen, Hussen,
Nadelkissen & Co.

Von Kind an habe ich eine Schwäche für Stoffe. Zu jedem Nähprojekt wurde ich zunächst immer vom Material inspiriert...

Bei jeder neuen Kreation, stelle ich mir dieselbe Frage: Was könnte ich mit diesem Samt anfangen? Was mit diesem schönen Vintage Stoff? Was könnte man aus diesem alten Laken noch machen? In diesem Buch finden Sie eine kleine Accessoire Kollektion rund ums Nähen. Hier werden Farben und Muster vereint, immer mit dem Wunsch Ihnen das Aufbewahren von Nähgut und Utensilien so einfach und hübsch wie möglich zu gestalten. Ich habe Solange, der Königen des Strickens, Christine, der Expertin für Häkelarbeiten und Corinne, die sich mit Stoffen auskennt, 1000 Fragen gestellt. Ich habe mich von den Schätzen in meinen Schubladen und den neuen wunderbaren Stoffen inspirieren lassen. Die Anleitungen in diesem Buch sind für Sie, die Nähbegeisterten, Anfängerinnen wie Fortgeschrittene. Einige Arbeiten sind sehr leicht umzusetzen, andere etwas schwieriger und verlangen Ihnen Geduld ab. Aber wenn Sie den Anleitungen Schritt für Schritt folgen, wird Ihnen jede dieser Näharbeiten gelingen. Beachten Sie den angegebenen Schwierigkeitsgrad und glauben Sie an sich!

Sylvie Blondeau

Inhalt

Schwierigkeitsgrad

Alle Anleitungen sind nach Schwierigkeitsgrad eingeteilt, damit Sie die Modelle entsprechend Ihrer Fertigkeit oder der verfügbaren Zeit wählen können.

★ ☆ ☆ *Anfänger*
★ ★ ☆ *Fortgeschrittene*
★ ★ ★ *Könner*

Mein Nähstübchen, meine Freude

Frühlingszeit, die Zeit Ihre Accessoires für die Nähutensilien mit frühlingshaften Motiven aufblühen zu lassen. Nichts eignet sich dafür besser als romantische Landhausstoffe. Die Margeriten- und Erdbeerbordüren geben Ihrem Nähstübchen ländlichen Charme! Im Mittelpunkt steht der ansprechende Überzug für Ihre Nähmaschine, der die Nähecke sofort mit fröhlichem Leben erfüllt. Die kleine Schnittmustertasche, weich und praktisch zugleich, wird Ihnen beim Aufbewahren Ihrer Schnittmuster eine große Hilfe sein. In diesem frischen und farbenfrohen Ensemble dürfen das Körbchen, das Nadelbriefchen und die Vasen-Husse, die Stifte oder einen Blumenstrauß dekorativ in Szene setzt, nicht fehlen.

Anleitung für den Nähmaschinenüberzug Seite 12 und für das Garnrollenkörbchen Seite 14

Anleitung für die Vasen-Husse Seite 18

9

Anleitung für die kleine Schnittmustertasche Seite 16

Anleitung für das Nadelbriefchen Seite 19

Für eine Nähmaschine mit folgenden Maßen: 28 cm x 38 cm x 17 cm

- 28 x 80 cm roter, gepunkteter Stoff

40	40
C	C

(28)

- 16 x 99 cm türkisfarbener, geblümter Stoff

29	41	29
B	A	B

(16)

- 15 x 40 cm roter, geblümter Stoff

D

- 56 x 99 cm durchsichtige Plastikfolie

15	40	40
D		
	C	C

(40) (28)

29	41	29
B	A	B

(16)

- 80 cm Schrägband für die aufgesetzte Tasche

- 2,5 m Schrägband für die Umrahmung des Überzugs

- Zum Stoff passendes Garn

1 Vorbereitung der Teile

Legen Sie die Plastikteile auf die entsprechenden Teile aus Stoff. Versäubern Sie alle Teile.

2 Aufgesetzte Tasche

Setzen Sie 40 cm Schrägband auf die Kante (siehe Seite 116) der Tasche und steppen Sie es fest. Legen Sie Teil D auf das vordere Teil C. Setzen Sie das Schrägband zur Abtrennung jeweils 10 cm vom Rand, an den kurzen Seiten ein. Schlagen Sie den oberen Teil des Schrägbands unter die Tasche. Steppen Sie die Schrägbänder 0,2 cm von den Rändern, auf der Höhe der Tasche, fest.

3 Vorbereitung der Oberseite

Schneiden Sie in der Mitte von Teil A eine Öffnung in der Größe des Griffs Ihrer Nähmaschine. Steppen Sie ein Schrägband rundum auf den Rand der Öffnung. Setzen Sie die Teile B auf rechts jeweils an den Seiten von A an. Öffnen Sie die Nahtzugabe durch Flachdrücken mit dem Daumen.

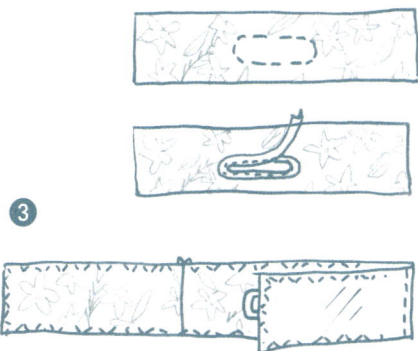

4 Zusammennähen

Setzen Sie die obere Kante des vorderen Teils C und Teil A links auf links zusammen. Passen Sie die Ecken dabei genau ein, dann die Seiten C und B anfügen. Heften oder steppen Sie mit großen Stichen alle Lagen. Verfahren Sie mit der Rückseite C ebenso.

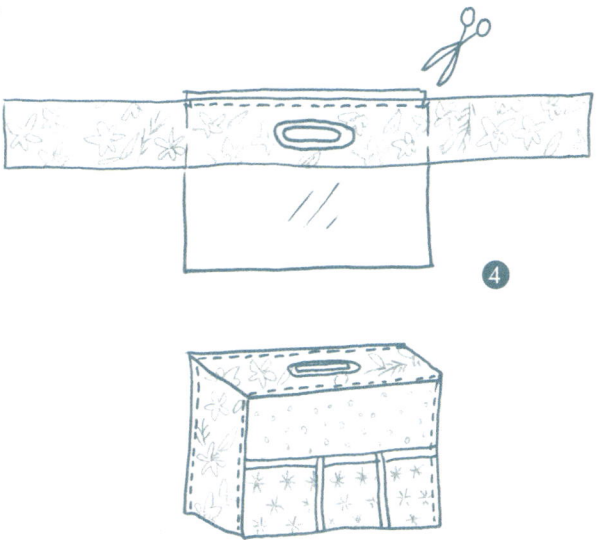

5 Schrägband setzen und Ausarbeitung

Setzen Sie das offene Schrägband, rechts auf rechts, auf die vordere und hintere Seite des Überzugs, steppen Sie rundum. Schlagen Sie das Schrägband ein und übersteppen Sie es. Säumen Sie schließlich die untere Kante mit dem Schrägband.

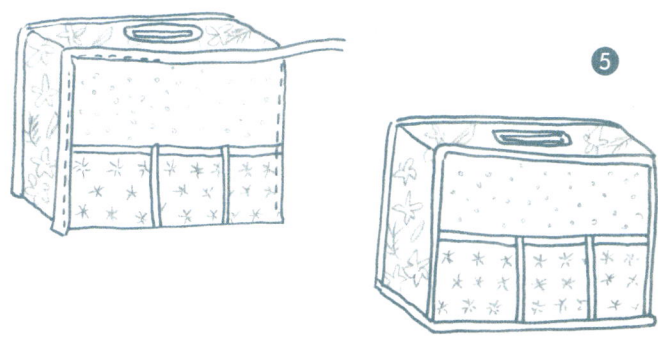

Garnrollenkörbchen ★★☆

- **16 x 61 cm weißer, rot gepunkteter Stoff,**
  Futterstoff, aufbügelbares Vlies

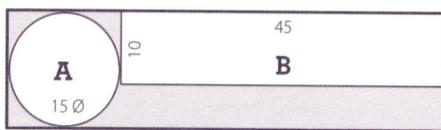

- **11,5 x 45 cm türkisfarbener, geblümter Stoff**

- **5 x 40 cm Filz**

- **50 cm Schrägband**

- **50 cm Paspel**

- **Zum Stoff passendes Garn**

1 Vorbereitung der aufzubügelnden Teile

Bügeln Sie das Vlies auf die linke Seite des Futters der äußeren Teile A und B.

2 Aufgesetzte Tasche

Setzen Sie das Schrägband auf den Rand (siehe Seite 116) von Teil C. Setzen Sie die Teile C und B links auf rechts aufeinander. Steppen Sie Teil C drei Mal in gleichmäßigen Abständen ab, so erhalten Sie die Unterteilungen.

❷

3 Zusammensetzen der Außenteile des Körbchens

Schneiden Sie den unteren Teil des Stoffstreifens ein und setzen Sie ihn, rechts auf rechts, auf die Kante von Teil A. Steppen Sie einmal rundum. Lassen Sie am Anfang und Ende der Naht 0,5 cm geöffnet. Schließen Sie die Seitennaht.

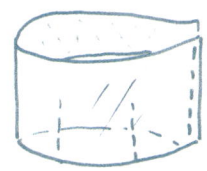

4 Vorbereitung des Futters

Setzen Sie den Futterstoff A und B in gleicher Weise zusammen, lassen Sie jedoch eine Öffnung von 6 cm in der Seitennaht.

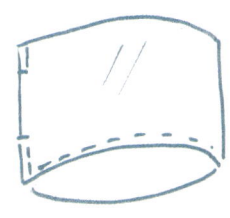

5 Zusammennähen der Außenseite und des Futters

Steppen Sie die Paspel (siehe Seite 117), rechts auf rechts, auf die obere Außenkante von Teil B. Stecken Sie den Korb rechts auf rechts in das Futter. Übersteppen Sie die Naht der Paspel. Wenden Sie die Arbeit durch die Öffnung. Schließen Sie diese von Hand.

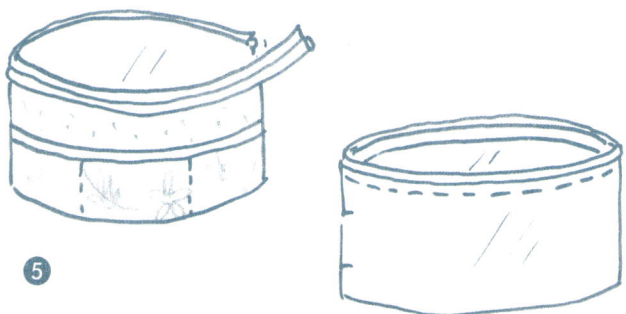

6 Nähen des Henkels

Falten Sie den Filz der Länge nach in Akkordeonfalten. Setzen Sie ihn in die Mitte des Stoffs. Schlagen Sie die beiden Enden und die Seiten ein und schließen Sie die Öffnung von Hand. Nähen Sie den Henkel am Korb auf Höhe der Seitennähte fest.

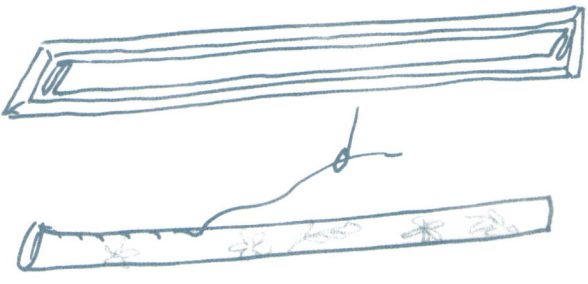

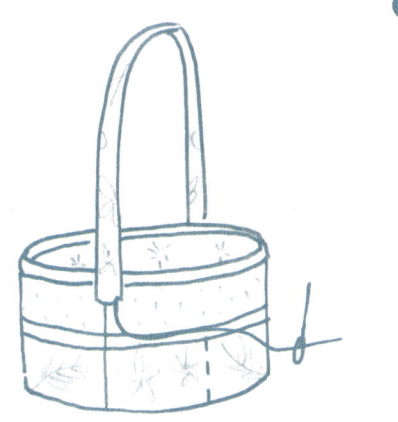

Kleine Schnittmustertasche ★ ★ ☆

- 38 x 66,5 cm türkisfarbener Samt und 38 x 62 cm geblümter Futterstoff (Schnittmusterplan ohne Teil E)

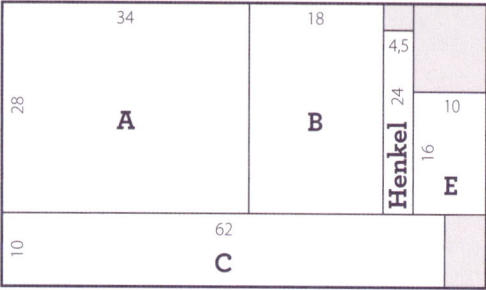

- 10 x 28 cm durchsichtige Plastikfolie

- 2,10 m Schrägband für die Umrandung der kleinen Tasche

- 30 cm Schrägband für die große Tasche

- 40 cm Band, 1 cm breit für beide Taschen

- 1 Druckknopf

- Zum Stoff passendes Garn

Die seitlich aufgesetzte Tasche E ist beliebig. Kaum sichtbar, ändert sie wenig an der Gesamtoptik Ihrer Arbeit. Sie erweist sich jedoch als praktisch zum Aufbewahren des Taschenrechners.

1 Vorbereitung der aufgesetzten Taschen

Steppen Sie das Schrägband auf eine der langen Kanten (siehe Seite 116) von Teil D und auf eine der kurzen von Teil E. Setzen Sie ein Band mittig auf die Naht des Schrägbandes der Tasche E. Setzen Sie die Tasche, rechts auf rechts, auf den Streifen C (Außenstoff) 16 cm von der oberen Kante, das Schrägband nach unten. Steppen Sie die kurze untere Kante der Tasche und klappen Sie sie um.

2 Vorbereitung des Seitenteils mit Boden

Setzen Sie den Außenstoff C, rechts auf rechts, auf den Futterstoff C und steppen Sie die beiden kurzen Seiten. Öffnen Sie die Nahtzugaben und wenden Sie die Arbeit.

3 Vorderseite

Setzen Sie die Tasche D auf den Außenstoff B. Setzen die Bänder zur Unterteilung in gleichem Abstand darauf, schlagen Sie sie an beiden Enden ein und übersteppen Sie sie. Setzen Sie den Außenstoff B, rechts auf rechts, auf den Futterstoff B und steppen Sie die obere Kante von Teil B ab. Wenden Sie die Arbeit. Versäubern Sie die Kanten zusammen, einschließlich der Seiten der Tasche.

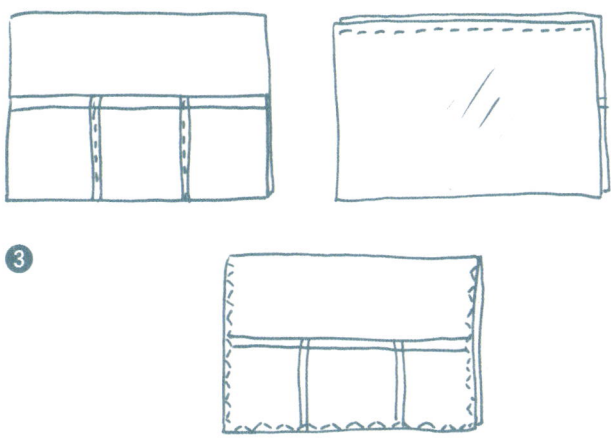

4 Zusammennähen der Schnittmustertasche

Versäubern Sie den Innen- und den Futterstoff A links auf links zusammen. Setzen Sie, links auf links, nacheinander die Teile C und B und dann C und A zusammen. Schneiden Sie den Streifen C in den Ecken zurück.

5 Setzen des Schrägbands rund um die Schnittmustertasche

Bringen Sie zum Abdecken der sichtbaren Nähte das Schrägband rundum auf dem Rand an, beginnen Sie in der unteren Mitte der Rückseite der Schnittmustertasche (siehe Seite 116).

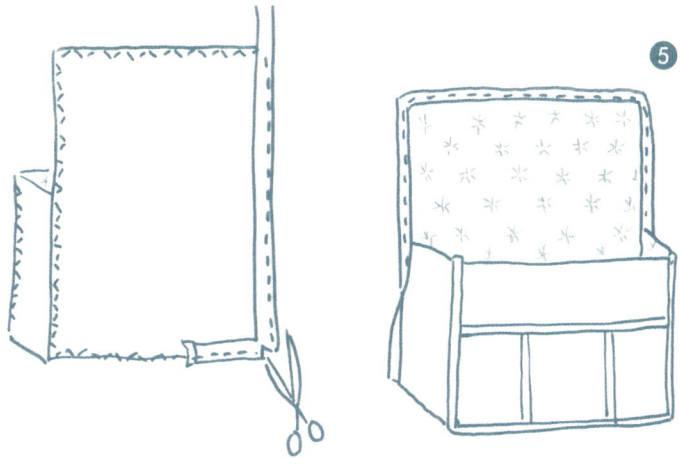

6 Nähen des Griffs und Ausarbeitung

Steppen Sie die beiden Stoffe rechts auf rechts zusammen und lassen Sie eine Öffnung von 5 cm auf einer der langen Seiten. Wenden Sie das Nähgut und schließen Sie die Naht von Hand. Setzen Sie den Henkel auf den oberen Teil der Tasche, 6 cm von den Rändern. Steppen Sie den Griff an beiden Enden quadratisch, eventuell sogar über Kreuz, fest. Nähen Sie hübsche Knöpfe in die Mitte der beiden Quadrate. Nähen Sie eine Druckknopfhälfte auf die Innenseite des Umschlags und die andere Hälfte auf die Vorderseite der Tasche.

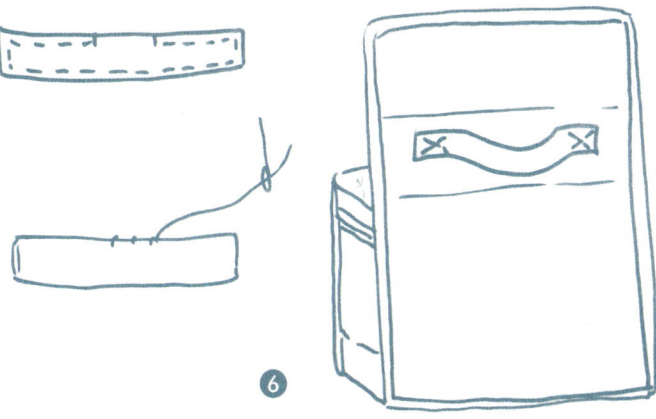

Material

- 16 x 33 cm roter, gepunkteter Futterstoff und aufbügelbares Volumenvlies

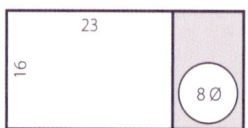

- 7,5 x 23 cm geblümter Stoff

OBEN

- 10 x 33 cm weißer, gepunkteter Stoff

- 25 cm Schrägband

UNTEN

- 25 cm Paspel

- 25 cm Band 1 cm breit

- Zum Stoff passendes Garn

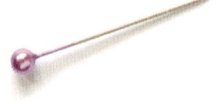

1 Zusammensetzen der Stoffe, des Bandes und der rundum laufenden Paspel

Stecken Sie die beiden Außenstoffe rechts auf rechts zusammen. Nähen Sie das Band auf den Stoß der Stoffe. Setzen Sie die Paspel (siehe Seite 117) rechts auf rechts an die untere Kante des Stoffes.

2 Zusammensetzen des Bodens und des Seitenteils

Schneiden Sie die Nahtzugabe an der unteren Kante ein. Setzen Sie den Boden rechts auf rechts ein und lassen Sie am Anfang und Ende 0,5 cm der Naht geöffnet. Seitennaht schließen und die Arbeit wenden.

3 Vorbereitung des Futters

Bügeln Sie das Vlies auf die linke Seite des Futters und schneiden Sie die untere Kante ein. Fixieren Sie das Bügelvlies auf der Scheibe für den Boden. Stecken Sie den Boden und den Streifen rechts auf rechts zusammen. Schließen Sie die Seitennaht.

4 Ausarbeitung

Stecken Sie das Futter in das vorbereitete Außenteil. Setzen Sie das Schrägband, rechts auf rechts, auf die Außenseite (siehe Seite 116). Steppen Sie rundum. Schlagen Sie es nach innen um und nähen es von Hand fest.

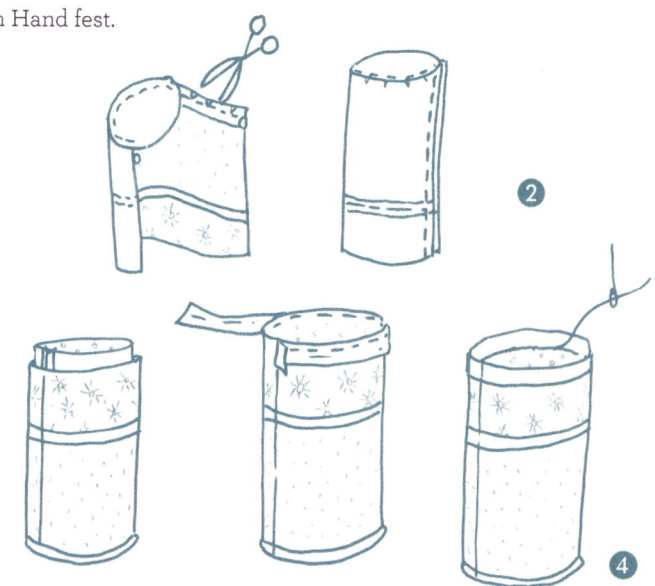

Nadelbriefchen ★ ☆ ☆

Material

- 21 x 21 cm Futterstoff und Filz

- 11 x 22 cm roter, geblümter Stoff

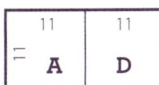

- 11 x 11 cm türkisfarbener, geblümter Stoff und weißer, rot gepunkteter Stoff

- 65 cm Schrägband

- 1 Druckknopf

- Zum Stoff passendes Garn

1 Nähen des Patchworks

Nähen Sie die Quadrate A mit B, C mit D rechts auf rechts zusammen. Anschließend nähen Sie die Teile AB und CD rechts auf rechts zusammen.

2 Einsetzen des Futters

Setzen Sie das Patchwork auf den Filz und diesen auf die linke Seite des Futterstoffs. Übersteppen Sie die Teile in der Diagonalen der kleinen Quadrate, bis 0,5 cm vom Rand.

3 Setzen des Schrägbands zum Einfassen der Arbeit

Nähen Sie das Schrägband von Hand auf die Kante von der Futterseite her, schneiden Sie die Ecken zurück (siehe Seite 116). Schlagen Sie das Schrägband auf die Außenseite (Patchworkseite) um.

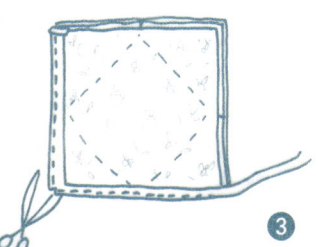

4 Das Briefchen nähen

Schlagen Sie drei Ecken zur Mitte um und nähen Sie die Spitzen im Blindstich zusammen.

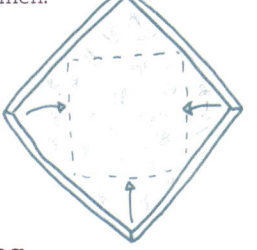
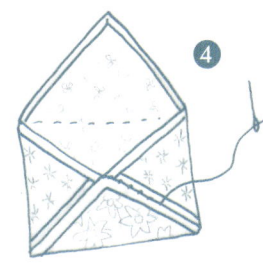

5 Ausarbeitung

Legen Sie zwei doppelte Schleifen aus Schrägband übereinander und nähen Sie diese an der Spitze des Briefchens fest. Nähen Sie eine Druckknopfhälfte auf die Innenseite des Umschlags und die zweite gegenüber, in die Mitte des Briefchens.

Sewing & cocooning

Ehrlich gesagt, ist unsere Nähecke ein wenig unser Kokon, hier fühlen wir uns wohl und das ist gut so, denn wir verbringen hier oft viele Stunden! Mit etwas Fantasie fertigen Sie Körbe, in denen sich Ihre Arbeiten oder Ihr Arbeitsmaterial perfekt verstauen lassen - ein Scherenetui und ein Glas für unendlich viele Knöpfe. Das nützliche Garnrollen-Nadelkissen und der kleine Garnrollen-Talisman in frischen Farben und Blumenstoffen ergänzen dieses niedliche Set hervorragend!

Anleitung Nadelkissenglas Seite 30

Anleitung Scherenetui Seite 28

Anleitung Stoffkorb Seite 26

Anleitung Garnrollen-Talisman und Garnrollen-Nadelkissen Seite 30

GROSSES MODELL

- 35 x 101 cm lilafarbener, gepunkteter Stoff
  und Bügelvlies
  25 x 101 cm Futterstoff
  (Schnittmusterplan ohne Teil E)

25	25	17	17	17
A	**A**	**B**	**B**	**C**
10 / 60 **E**				

- 15 x 17 cm mit Vintage Motiven bedruckter Stoff

F

D

- 18 x 85 cm geblümter Stoff

- 1 m Schrägband

- 1 m Satinband 0,5 cm breit

- 2 Knöpfe

- 2 große Perlen

- Zum Stoff passendes Garn

KLEINES MODELL

- 17 x 90 cm mit Vintage Motiven bedruckter Stoff

28	28	17	17
A	**A**	**B**	**B**

- 25 x 113 cm lilafarbener, gepunkteter Stoff

28	85
C	**D**
45 **E**	

- 25 x 118 Bügelvlies und
  17 x 118 cm Futterstoff
  (Schnittmusterplan ohne Teil E)

28	28	17	17	28
A	**A**	**B**	**B**	**C**
45 **E**				

- 90 cm Schrägband

- 1 m Satinband 0,5 cm breit

- 4 passende Knöpfe (2 große, 2 kleine)

- Zum Stoff passendes Garn

1 Vorbereitung der Teile

Bügeln Sie das Vlies auf die linke Seite der Stoffe A, B, C und E. Steppen Sie beim großen Modell das Schrägband auf die Kante (siehe Seite 116) von Teil F. Stecken Sie dieses Teil auf eine der Seiten von Teil B.

2 Zusammennähen des Korbs

Setzen Sie die Front- und die Rückseite A und die beiden Seitenteile B rechts auf rechts zusammen und verbinden Sie sie mit einer französischen Naht (siehe Seite 113): nähen Sie 0,2 cm vom Rand auf links und anschließend 0,5 cm auf rechts. Fügen Sie den Boden C rechts auf rechts ein und flachen Sie die Naht zur Seite ab.

3 Futter

Setzen Sie die Front- und die Rückseite A und die beiden Seitenteile B rechts auf rechts zusammen. Fügen Sie den Boden C rechts auf rechts ein und flachen Sie die Naht zur Seite ab. Stecken Sie das Futter rechts auf rechts in den Korb. Heften Sie rundum.

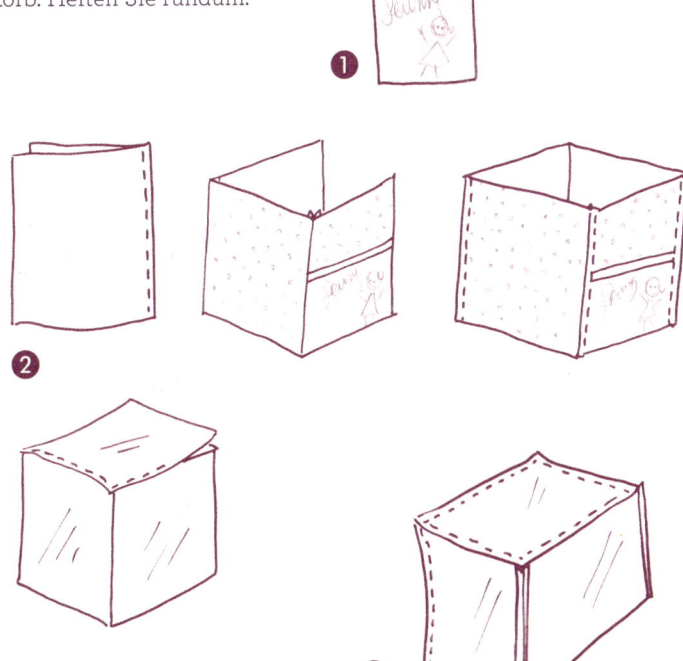

4 Fertigen der Oberseite des Korbs

Falten Sie Teil D zur Hälfte, rechts auf rechts. Schließen Sie die Seitennaht bis auf 1 - 2,5 cm von der oberen Stoffkante. Säumen Sie den oberen Rand, indem Sie ihn, links auf links, einmal um 0,5 cm und ein weiteres Mal um 1 cm umschlagen.

5 Zusammennähen der Oberseite des Korbs

Setzen Sie Teil D links auf das Futter, an die Oberkante des Korbs, und steppen Sie es fest. Setzen Sie das Schrägband rundum auf den Rand (siehe Seite 116).

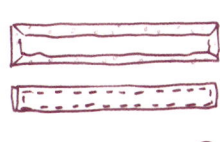

6 Nähen des Henkels

Schlagen Sie Teil E auf allen vier Seiten 0,5 cm nach innen um. Falten Sie Teil E links auf links zur Hälfte. Steppen Sie rundum ab. Nähen Sie die beiden Enden des Henkels von Hand auf die gegenüberliegenden Seiten des Korbs. Nähen Sie einen Knopf auf jede Seite.

7 Einziehen des Bandes

Ziehen Sie das Band mit Hilfe einer Sicherheitsnadel ein. Fädeln Sie jeweils einen Knopf oder eine Perle auf die beiden Enden des Bandes. Nähen Sie das Ende des Bandes hinter den Knopf oder verknoten Sie es.

Schnittmuster siehe Seite 118

- 11 x 13 cm mit Vintage Motiven bedruckter Stoff und einfarbiger Stoff für das Futter

- 13 x 23 cm geblümter Stoff und lilafarbener, gepunkteter Stoff

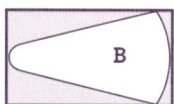

- 13 x 34 cm Filz

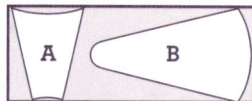

- 5 x 22 cm rosafarbener Stoff für die Schlaufe

- 20 cm Schrägband passend zum rosafarbenen Stoff

- Zum Stoff passendes Garn

1 Vorbereitung der Vorderseite des Etuis

Setzen Sie das Futter A und das Stoffteil A links auf links und legen Sie Teil A aus Filz dazwischen. Heften Sie die Seiten. Steppen Sie das Schrägband auf den oberen und unteren Rand (siehe Seite 116) und nehmen Sie alle Lagen ein.

2 Zusammennähen

Heften Sie Rückseite B und den Filz B zusammen. Setzen Sie Teil A, links auf rechts, auf die Vorderseite B. Setzen Sie das zweite mit Filz unterfütterte Teil B rechts auf links. Steppen Sie rundum und lassen Sie an der Oberkante eine Öffnung von 4 cm. Wenden Sie das Nähgut.

3 Anfertigen der Schlaufe

Falten Sie Teil C zur Hälfte, rechts auf rechts. Steppen Sie die lange, offene Seite. Teil wenden. Stecken Sie die Schlaufe in die vorgesehene Öffnung. Schließen Sie sie von Hand.

Schnittmuster von Teil A, Seite 118.

- 1 Marmeladenglas mit 8 cm Durchmesser

- 8,5 x 40 cm rosafarbener Stoff

A A A A A A

- 5 x 52 cm lilafarbener, gepunkteter Stoff

- 30 cm Schrägband

- Füllwatte

- 1 Knopf

- Zum Stoff passendes Garn

1 Vorbereitung der Halbkugel

Schneiden Sie sechs Mal Teil A entsprechend dem Schnittmuster
aus. Nähen Sie die sechs Teile mit der abgerundeten Kante, rechts
auf rechts, bündig zusammen. Wenden Sie die Arbeit.

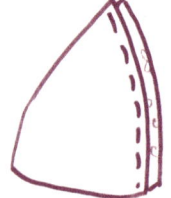

❶

2 Anfertigen des Volants

Nähen Sie die kurzen Seiten des Stoffstreifens rechts auf rechts zusammen und falten ihn der Länge nach zur Hälfte. Ziehen Sie einen Kräuselfaden der Länge nach durch die offene Seite des Streifens ein. Ziehen Sie am Faden, um den Streifen dem Umfang der Halbkugel anzupassen (siehe Seite 115).

4 Ausarbeitung

Schrauben Sie den Deckel auseinander, passen die Halbkugel in den Deckel ein und schrauben Sie diesen wieder zusammen. Nähen Sie einen Kopf in die Mitte der Kugel.

3 Ansetzen des Volants

Steppen Sie den Streifen, rechts auf rechts, auf den Kugelrand. Steppen Sie das Schrägband rechts auf die Kräuselung. Nach innen umschlagen und von Hand schließen. Stopfen Sie die Halbkugel mit Füllwatte aus.

Garnrollen-Talisman ★ ☆ ☆

- 5 x 20 cm Leinen

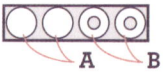

A = 4,5 cm Ø
B = 4,5 cm Ø
Mitte 1,8 cm Ø

- 4,5 x 9 cm lilafarbener, gepunkteter Stoff und Filz

C

- 2,5 x 20 cm lilafarbener, gepunkteter Stoff

Schlaufe

- 4 x 8 cm Stoff zum Applizieren

D = 3 cm Ø

- Füllwatte

- Zum Stoff passendes Garn

Garnrollen-Nadelkissen ★ ☆ ☆

- 10 x 30 cm Leinen

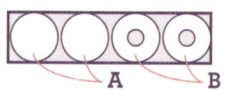

A = **B** =

- 6 x 16 cm geblümter Stoff und Filz

C

- 5 x 10 cm Stoff zum Applizieren

D = 4 cm Ø

- Füllwatte

- Zum Stoff passendes Garn

1 Vorbereitung der runden Teile

Steppen Sie die Teile A und B rechts auf rechts zusammen. Wenden Sie die Arbeit durch die mittlere Öffnung. Nähen Sie die Motive D von Hand auf die Teile A.

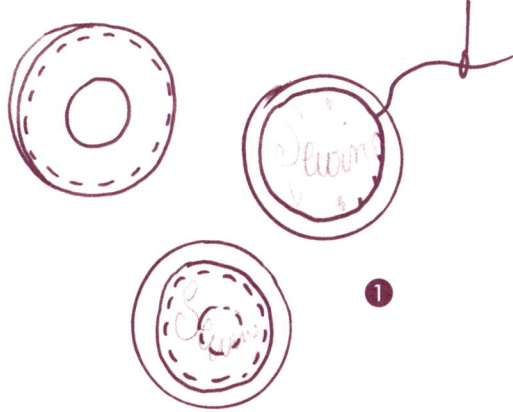

2 Vorbereitung der Garnrolle

Setzen Sie Teil C auf den Filz und heften Sie die beiden Teile zusammen.

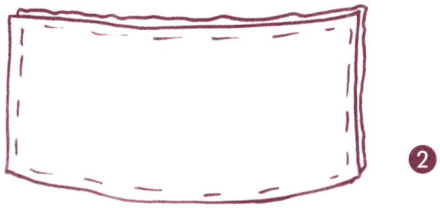

3 Anfertigen der Schlaufe für den Garnrollen-Talisman

Schlagen Sie die beiden langen Seiten des Stoffstreifens 2 mm nach innen um. Falten Sie ihn links auf links der Länge nach und steppen Sie ihn fest. Falten Sie den entstandenen Streifen zur Hälfte und setzen ihn auf eine der kurzen Seiten von Teil C, die Enden nach außen.

4 Zusammennähen und Ausarbeiten

Falten Sie Teil C der Breite nach zur Hälfte rechts auf rechts und steppen Sie die lange offene Seite. Wenden Sie das Nähgut. Nähen Sie es von Hand auf einen der Kreise und schneiden Sie den Rand ein. Stopfen Sie es mit Füllwatte aus. Schließen Sie die ‚Garnrolle' mit dem zweiten Kreis.

Das Nähstübchen im Gepäck

Egal ob Sie gerne reisen oder es sich lieber zu Hause gemütlich machen – Ihre Näharbeit möchten Sie immer dabei haben? Dann ist dieses Set für Sie wie geschaffen. In diesen beiden hübschen Köfferchen können Sie Ihre aktuelle Näharbeit, Ihre Utensilien und Stoffe sicher verstauen. Mit dem Notizbuch verlieren Sie bei Ihren kreativen Ideen niemals den Faden und es beherbergt Ihre To-do Liste oder die Liste für Ihre nächsten Einkäufe. Stifte und Schere sind bestens in dem Mäppchen untergebracht und das unverzichtbare Maßband haben Sie, dank hübschem Täschchen, immer zur Hand ... Jede Menge Praktisches für Kreative, die nie ohne ihre Inspiration auf Reisen gehen!

Anleitung der Köfferchen Seite 40

Anleitung Mäppchen Seite 43

Anleitung Notizbuch Seite 44

Anleitung Maßband-Täschchen Seite 46

Material

GROSSES MODELL

• 49 x 90 cm Cord, türkisfarbener, gepunkteter Futterstoff und Bügelvlies

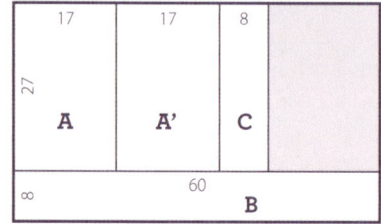

• 3 m Paspel

• 2 Knöpfe

• 2 Reißverschlüsse 45 cm lang

• Zum Verzieren: 1,60 m feines Band, Stoffreste und Bügelvlies für die Applikationen, 2 Knöpfe, 1 Anhänger

• Zum Stoff passendes Garn

KLEINES MODELL

• 35 x 60 cm geblümter Stoff, grüner, gepunkteter Futterstoff und Volumenvlies

• 2,10 m Paspel

• 20 cm Band 3 cm bereit

• 2 Reißverschlüsse 30 cm lang

• Zum Verzieren: dünnes Band für die Schieber der Reißverschlüsse

• Zum Stoff passendes Garn

Großes Modell

1 Vorbereitung der äußeren Teile: Boden, Scharnier und Deckel

Setzen Sie zunächst die Teile A und C rechts auf rechts zusammen, ebenso C und A. Unterteilen Sie das entstandene Rechteck in drei Teile. Zeichnen Sie zwei parallele Linien, setzen Sie das Band darauf und steppen Sie in der Mitte des Bandes. Setzen Sie die Paspel (siehe Seite 117) rundum. Schneiden Sie die Ecken zurück. Steppen Sie nahe am Wulst. Zuletzt steppen Sie die Applikationen auf den Deckel.

4 Einsetzen der Reißverschlüsse

Steppen Sie die Paspel (siehe Seite 117) auf eine der langen Seiten von Teil B. Steppen Sie die Reißverschlüsse auf die Paspel, von der Mitte der paspelierten Seite von Teil B ausgehend.

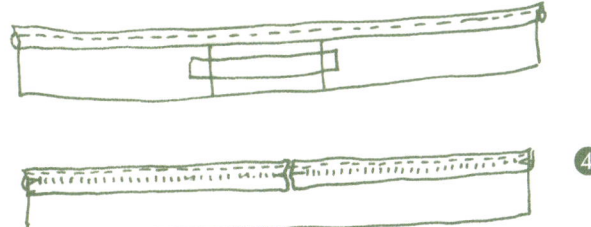

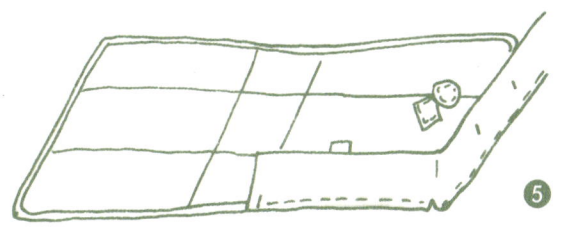

2 Vorbereitung des Griffs.

Setzen Sie den Cord, rechts auf rechts, auf das verstärkte Futter. Steppen Sie die vier Seiten ab, lassen Sie eine 4 cm große Öffnung an einer der langen Seiten. Wenden und von Hand schließen.

5 Zusammennähen des Köfferchens

Setzen Sie die lange Seite von Teil B (die mit den Reißverschlüssen) mit A' zusammen. Schneiden Sie Teil B in den Ecken zurück. Steppen Sie die Naht bis auf 0,5 cm von der kurzen Seite B ab. Steppen Sie die kurzen Seiten von B und C zusammen.

3 Vorbereitung der Seitenteile

Legen Sie die Teile ACA' aus. Legen Sie Teil B dem Deckel gegenüber. Achten Sie auf die Anordnung der Bänder von Deckel und Seitenteil: zeichnen Sie die Linien ein. Stecken Sie den Griff fest, orientieren Sie sich an den Linien und steppen Sie auf beiden Seiten des Griffs. Steppen Sie die Bänder auf die Linie.

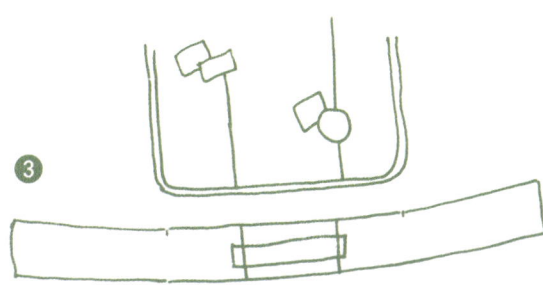

6 Nähen des Futters

Bügeln Sie das Vlies auf die linke Seite der Teile aus Futterstoff. Setzen Sie die Teile A und C aus Futterstoff rechts auf rechts zusammen und lassen Sie eine Öffnung von 10 cm in der Mitte ,C und A' ebenso. Fügen Sie Teil B mit A' zusammen. Steppen die Teile ebenso wie die Außenseiten zusammen. Steppen Sie die Seiten B und C zusammen.

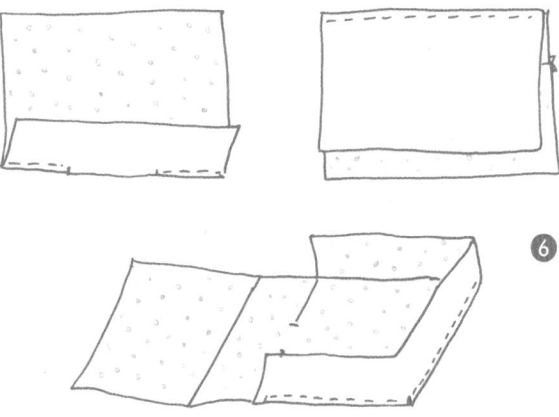

7 Einsetzen des Futters und Ausarbeitung

Setzten Sie den Koffer rechts auf rechts in das Futter. Steppen Sie möglichst nahe an der Paspel und dem Reißverschluss rundum. Wenden Sie die Arbeit durch die Öffnung im Futter und schließen Sie sie von Hand. Nähen Sie hübsche Knöpfe auf die Seiten des Griffs.

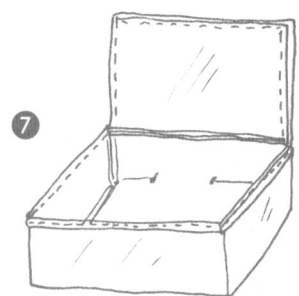
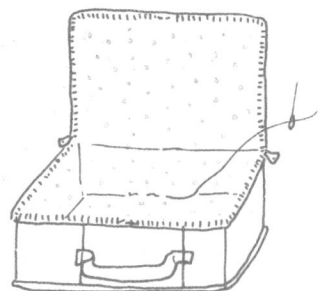

Kleines Modell

1 Vorbereitung der äußeren Teile: Boden, Scharnier und Deckel

Setzten Sie die Teile A und C rechts auf rechts zusammen, ebenso C und A. Setzen Sie die Paspel (siehe Seite 117) rundum. Schneiden Sie die Ecken zurück. Steppen Sie nahe am Wulst.

2 Einsetzen der Paspel und der Reißverschlüsse

Siehe großes Modell Schritt 4

3 Zusammensetzen des Köfferchens

Siehe großes Modell Schritt 5

4 Anfertigen des Griffs und Ausarbeitung der Verzierung

Steppen Sie das Band für den Griff auf die Vorderseite von Teil B, 6 cm von den Seitenrändern entfernt, schlagen Sie an den Enden 1 cm ein. Ziehen Sie Reste des Bandes durch die Schieber der Reißverschlüsse und knoten Sie sie fest.

5 Zusammennähen und Einsetzen des Futters

Siehe großes Modell, Schritt 6 und 7. Legen Sie den Futterstoff links auf das Volumenvlies und nähen Sie die Teile zusammen.

Siehe Schnitt Seite 119

- 28 x 35 cm türkisfarbener, gepunkteter Futterstoff und aufbügelbares Vlies

- 28 x 25 cm grüner, gepunkteter Stoff

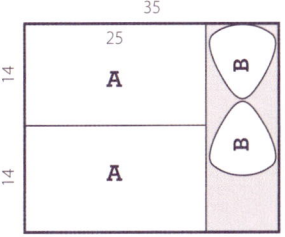
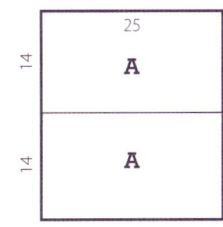

- 10 x 20 cm geblümter Stoff

- 60 cm Schrägband

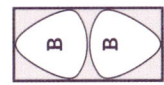

- 25 cm schmales Band

- 1 Reißverschluss 25 cm Länge

- Zum Verzieren: dünnes Band und geblümte Stoffreste für den Schieber des Reißverschlusses, 5 Anhänger

- Zum Stoff passendes Garn

1 Vorbereitung der Teile und des Futters

Bügeln Sie das Vlies auf die linke Seite der Außenstoffe A und B. Legen Sie die beiden Teile, links auf links, auf den Futterstoff und versäubern Sie rundum.

2 Einsetzen des Reißverschlusses

Setzen Sie die beiden Seiten, rechts auf rechts zusammen. Steppen Sie die lange obere Seite bis auf 1,5 cm vor den Rändern. Öffnen Sie die Naht zu beiden Seiten. Öffnen Sie den Reißverschluss und steppen Sie auf beiden Seiten der Öffnung, rechts auf rechts, auf der Nahtzugabe.

3 Aufnähen des Zierbands und Zusammennähen

Steppen Sie das Zierband auf die Vorderseite des Mäppchens, 1-2 cm vom Reißverschluss entfernt. Steppen Sie die untere Naht, rechts auf rechts. Versäubern Sie die beiden Lagen im engen Zickzackstich. Wenden Sie die Arbeit. Setzen Sie die Teile B auf beiden Seiten, links auf links zusammen und steppen Sie sie fest.

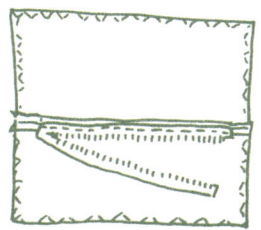
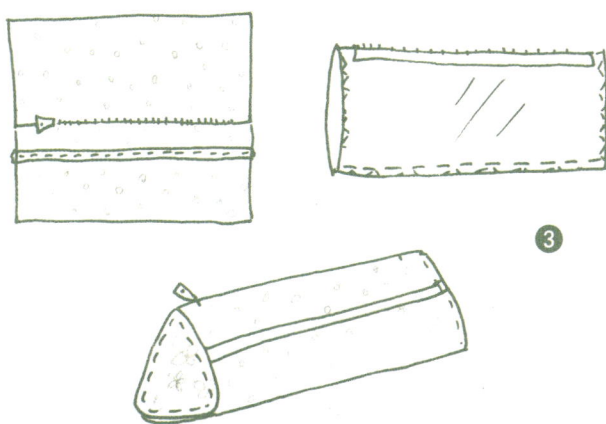

4 Setzen des Schrägbands

Setzen Sie das Schrägband auf beiden Seiten des Mäppchens geöffnet auf die Außennaht, beginnen Sie in der Mitte der unteren Seite und steppen Sie es fest. Schlagen Sie es ein und nähen von Hand die letzten Stiche.

5 Ausarbeitung

Nähen Sie die Anhänger in gleichmäßigem Abstand unter das Band. Ziehen Sie ein Stück Band durch den Schieber des Reißverschlusses. Halbieren Sie es. Schneiden Sie ein 5 x 7 cm großes Dreieck aus einem Stoffrest aus. Schlagen Sie die Seiten und die Spitze nach innen um, decken Sie die Enden mit dem Band ab und schließen Sie die Seiten von Hand.

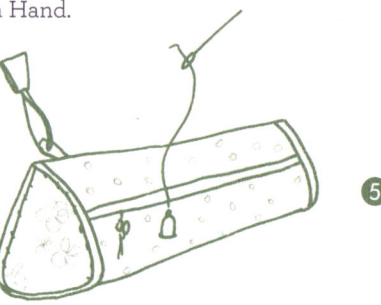

Notizbuch ★☆☆

Material

- 1 Notizbuch 14,5 x 20,5 cm

- 22 x 49 cm türkisfarbener, gepunkteter Futterstoff

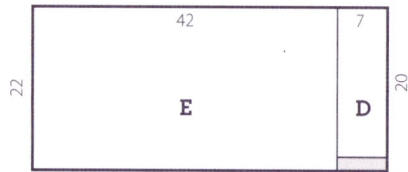

- 22 x 27 cm grüner, gepunkteter Stoff

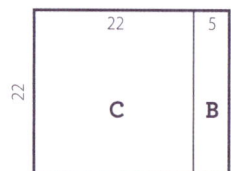

- 8 x 22 cm geblümter Stoff und Cord

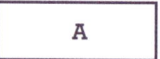

- 23 cm Paspel

- 1 Druckknopf

- 1 beziehbaren Knopf und ein Stoffrest

- Zum Stoff passendes Garn

1 Zusammensetzen der Teile

Setzen Sie die Paspel (siehe Seite 117) auf eine der langen Seiten von Teil A aus Cord und steppen Sie sie fest. Setzen Sie die beiden Teile A rechts auf rechts über der paspelierten Seite zusammen. Steppen Sie nahe am Wulst der Paspel. Setzen Sie Teil A aus Cord mit Teil B zusammen, dann Teil A aus geblümtem Stoff und Teil C, rechts auf rechts.

2 Zusammennähen des Futters

Setzen Sie das zusammengesetzte Nähgut rechts auf rechts auf das Futter. Steppen Sie rundum und lassen Sie eine Öffnung von 5 cm auf einer Seite. Wenden Sie die Arbeit. Schließen Sie die Öffnung von Hand.

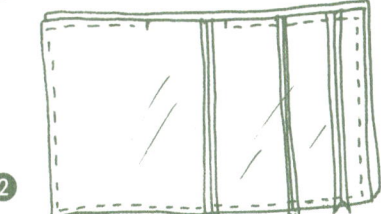

3 Anfertigen der Lasche

Schlagen Sie die vier Seiten von Teil D um 0,5 cm nach innen um. Falten Sie das Teil zur Hälfte, links auf links. Steppen Sie rundum ab.

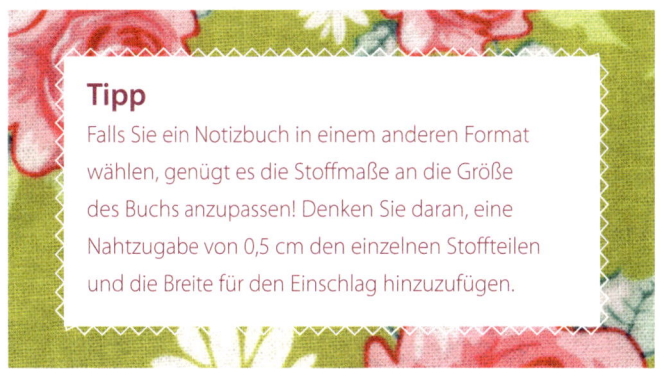

Tipp

Falls Sie ein Notizbuch in einem anderen Format wählen, genügt es die Stoffmaße an die Größe des Buchs anzupassen! Denken Sie daran, eine Nahtzugabe von 0,5 cm den einzelnen Stoffteilen und die Breite für den Einschlag hinzuzufügen.

4 Einsetzen der Lasche

Steppen Sie ein Ende der Lasche kreuzweise auf den Rücken des Buchumschlags (unter Berücksichtigung der Umschläge). Nähen Sie den Knopf, den Sie zuvor mit Stoff überzogen haben, an das andere Ende, auf die linke Seite der Lasche. Nähen Sie eine Druckknopfhälfte auf die linke Seite der Lasche und die andere gegenüber auf die Vorderseite des Buchumschlags.

5 Einsetzen der Bucheinschläge

Falten Sie die beiden Seiten des Nähguts nach innen, um die Einschläge zu formen. Nähen Sie die Ränder von Hand. Setzen Sie das Notizbuch ein, indem Sie die Buchdeckel unter die Einschläge schieben.

- 1 Rollmaßband

- 12 x 10 cm grüner, gepunkteter Stoff und Volumenvlies

A

- 5 x 10 cm geblümter Stoff

B 2

- 20 cm Paspel

- 1 Fantasieknopf und einen Stoffrest für das Ende des Maßbands

- Zum Stoff passendes Garn

1 Vorbereitung der Teile und Einsetzen der Paspel

Runden Sie Teil B ab. Setzen Sie die Paspel (siehe Seite 117) auf rechts auf die Abrundung von Teil B. Steppen Sie sie fest. Schlagen Sie den offenen Rand der Paspel nach links um. Versäubern Sie Teil A mit dem Volumenvlies.

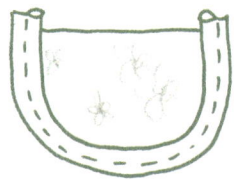

❶

2 Zusammennähen

Setzen Sie Teil B mit Teil A rechts auf rechts zusammen. Falten Sie Teil A zur Hälfte rechts auf rechts und bringen Sie die Ecken unter dem Falz zusammen. Steppen Sie die Seiten, lassen Sie dabei eine Öffnung von 1,5 cm auf einer Seite, 2 cm vom Stofffalz entfernt.

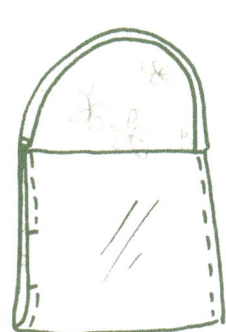

3 Ausarbeiten der Ecken und Einsetzen des Maßbandes

Öffnen Sie die Ecken, steppen Sie bis 1,5 cm vor der Spitze. Wenden Sie das Nähgut. Schieben Sie das Maßband hinein. Ziehen Sie das Band durch die seitliche Öffnung.

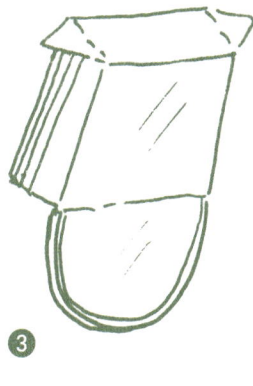

4 Fertigen des Maßband-Stoppers und Ausarbeitung

Damit das Maßband nicht im Täschchen verschwindet, schneiden Sie ein ungefähr 4 x 3 cm großes Rechteck aus einem Stoffrest. Schlagen Sie die vier Seiten nach innen um, decken Sie den Bandanfang ab und schließen Sie die Seiten von Hand. Nähen Sie den Umschlag im Blindstich unter die Paspel und einen Zierknopf auf den Umschlag.

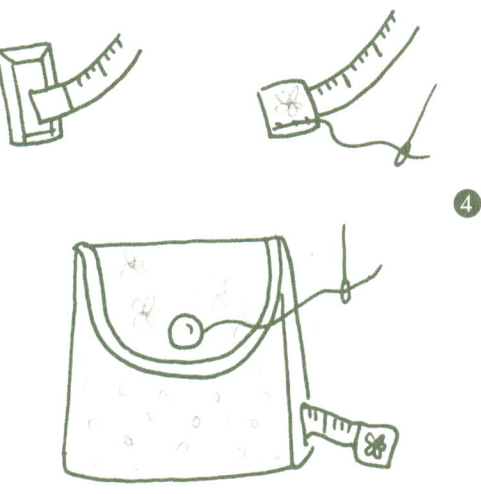
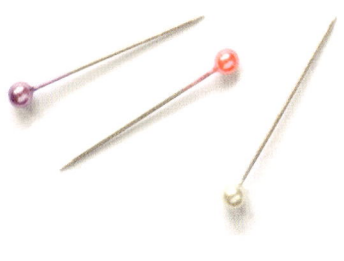

Fünfziger Jahre Chic

Ihre alte Sticktasche ist nicht mehr in Ordnung? Dennoch möchten Sie nicht auf den Charme des Vergangenen verzichten? Verbinden Sie Hübsches mit Praktischem, indem Sie Stoff mit Vintage Motiven auswählen, weiblich und elegant zugleich, kreieren Sie ein Set im Fünfziger Jahre Stil. Das geht ganz einfach!

Mit dieser Halbschürze werden Sie Ihre Schere immer zur Hand haben und Ihr Arbeitsmaterial können Sie ganz einfach in dem Mäppchen mit Nadelkissen unterbringen. Bei dem perfekten Ensemble dürfen das Armnadelkissen und das Häuschen als Stick-Necessaire nicht fehlen... Eins nach dem anderen werden Sie sich diese praktischen Helfer nicht mehr wegdenken können!

Anleitung für die Halbschürze mit vielen Taschen Seite 58

Anleitung für das Armnadelkissen Seite 60

Anleitung für das Stick-Necessaire Seite 54

Anleitung für Mäppchen mit Nadelkissen Seite 62

Material

- 23 x 40 cm rohweißer Stoff

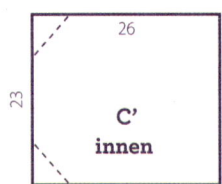

- 23 x 26 cm rohweißer, großgepunkteter Stoff

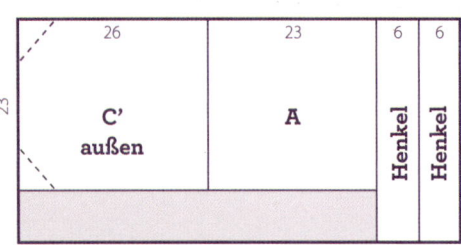

- 30 x 61 cm Leinen

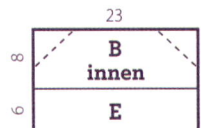

- 14 x 23 cm brauner, gepunkteter Stoff

- 7 x 12 cm bedruckter Stoff Nr. 1 (Schere)

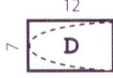

- 14 x 33 cm bedruckter Stoff Nr. 2 (Rauten)

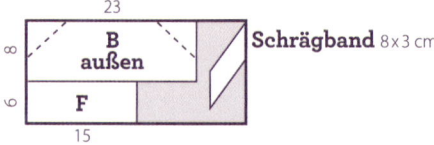

Schrägband 8 x 3 cm

- 23 x 65 cm Filz

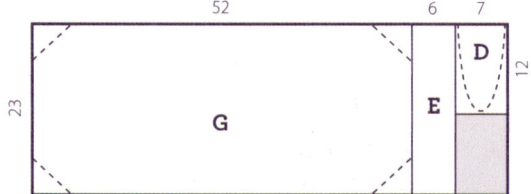

- 25 cm gemustertes Schrägband Nr. 3 (Blumen)

- 30 cm Band 1 cm breit

- 3 Druckknöpfe

- 7 durchsichtige Ringe mit 1 cm Durchmesser

- Zum Sticken: verschiedene Mouliné Hand-stickgarne passend zu den von Ihnen gewählten Stoffen, Schere, Stickrahmen, Sticknadeln

- Zum Stoff passendes Garn

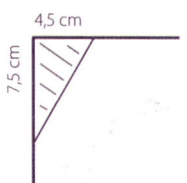

Schneiden Sie für die Dachschrägen die Teile entsprechend dieser Vorlage aus.

4,5 cm

7,5 cm

1 Stickerei

Sticken Sie das Motiv mittig, hochkant auf Teil C aus rohweißem Stoff (siehe Seite 119).

2 Vorbereitung des Innenlebens

Falten Sie die beiden langen Seiten des Teils A, zunächst 0,5 cm, dann 1 cm nach innen um und übersteppen Sie den Saum. Achten Sie auf die Stecknadeln, die die beiden Seiten unterteilen.

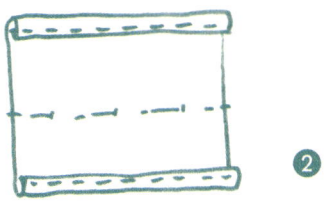

3 Anfertigen der Tasche für die Schere

Runden Sie die Teile D ab. Steppen Sie sie rechts auf rechts zusammen. Lassen Sie die obere Seite offen. Wenden Sie die Arbeit. Setzen Sie das Schrägband auf den Rand der Öffnung (siehe Seite 116).

4 Anfertigen des Nadelkissens

Schneiden Sie einen Streifen von 6 cm und falten Sie ihn zur Hälfte, so erhalten Sie eine Lasche. Stecken Sie auf die rechte Stoffseite des Teils E auf die Mitte einer kurzen Seite, die gefaltete Seite der Lasche nach innen. Setzen Sie Teil E aus Stoff, rechts auf rechts, auf den Filz. Steppen Sie rundum und lassen Sie eine Öffnung von 3 cm auf einer Seite. Wenden Sie die Arbeit. Schließen Sie die Öffnung von Hand. Übersteppen Sie rundum.

5 Einsetzen des Etuis für die Schere

Setzen Sie die Scherentasche links von der Markierung auf die Tascheninnenseite, berücksichtigen Sie dabei die Größe der Schere und die Nahtzugabe. Schneiden Sie ein 10 cm langes Band, schlagen Sie es um und steppen Sie das Band auf die Innenseite der Tasche. Übersteppen Sie das Etui rundum. Schlagen Sie das freie Ende des Bandes ein. Nähen Sie eine Druckknopfhälfte auf dessen Rückseite und die andere Hälfte gegenüber auf die Scherentasche.

6 Einsetzen des Nadelkissens

Bringen Sie das Nadelkissen und das Scherenetui auf dieselbe Höhe. Steppen Sie der Länge nach eine Mittelnaht auf das Nadelkissen, 12,5 cm von der Seite des Bandes, dann 3 cm von derselben Seite. Nähen Sie eine Druckknopfhälfte an das Ende des Bandes, auf links, und die zweite Hälfte gegenüber auf das Nadelkissen.

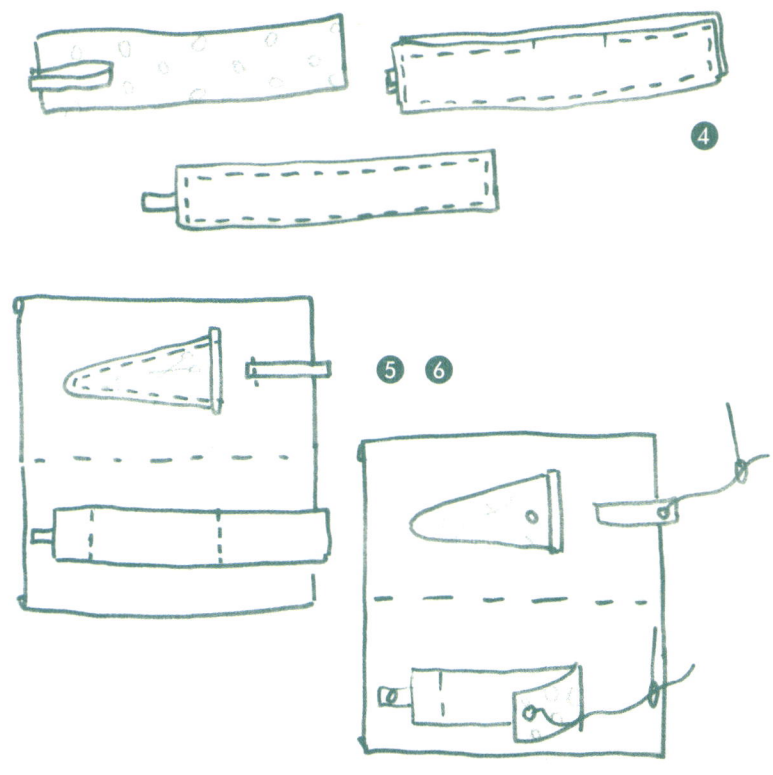

7 Zusammenfügen der äußeren Teile

Fügen Sie Teil B und C über dem Stickmotiv rechts auf rechts zusammen. Nähen Sie das Schrägband der Länge nach flach (siehe Seite 117) an den Stoß der Stoffkanten B und C. Fügen Sie Teil C' rechts auf rechts unter das Stickmotiv.

8 Zusammenfügen der Innenteile und Anbringen der Ringe

Schneiden Sie das Band in sieben 5 cm lange Teile. Ziehen Sie die Ringe durch die Bänder. Schließen Sie die Bänder über den Ringen und heften Sie sie in gleichmäßigem Abstand auf die obere Seite von Teil C. Berücksichtigen Sie die Nahtzugabe auf beiden Seiten. Setzen Sie Teil B und Teil C rechts auf rechts zusammen und nehmen Sie den oberen Teil des Bandes ein. Setzen Sie Teil C' rechts auf rechts an Teil C.

9 Schlaufe für den Stickrahmen

Falten Sie Teil F der Länge nach, rechts auf rechts. Steppen Sie die lange und eine kurze Seite. Wenden Sie die Arbeit und heften Sie die offene Seite der Schlaufe auf die Innenseite der Tasche in die Mitte von Teil C'.

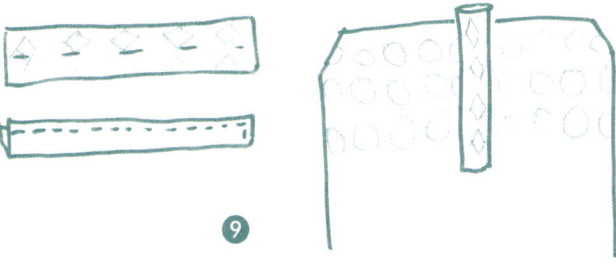

10 Henkel einsetzen

Falten Sie die beiden Streifen der Länge nach, rechts auf rechts. Nähen Sie die lange offene Seite. Wenden Sie die Arbeit und steppen Sie die beiden Seiten ab. Setzen Sie die Henkel auf die Außenseite der Tasche. Befestigen Sie die Enden jeweils 0,5 cm von den Seitenrändern.

11 Zusammennähen der Arbeit und Ausarbeitung

Legen Sie die Innenseite auf Teil G. Setzen Sie das Teil mit Etui und Nadelkissen in die Mitte der Innenseite. Steppen Sie zwei parallele Nähte, mittig, im Abstand von 2 cm, auf der ganzen Länge und durch alle Lagen. Legen Sie die zusammengesetzte Vorderseite, rechts auf rechts, auf die zusammengesetzte Rückseite. Steppen Sie rundum und lassen eine Öffnung von 10 cm auf einer der langen Seiten. Wenden Sie die Arbeit. Schließen Sie die Öffnung von Hand. Nähen Sie die beiden Druckknopfhälften auf die Schlaufe, damit Sie den Stickrahmen befestigen können.

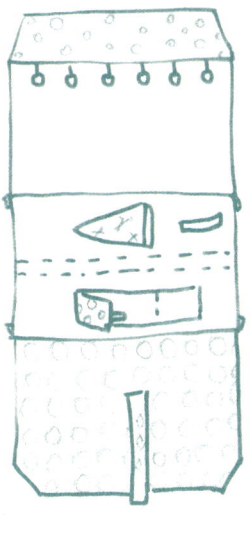

Halbschürze mit vielen Taschen ★☆☆

Material

Siehe Schnitt Seite 120

- 65 x 65 cm Leinen

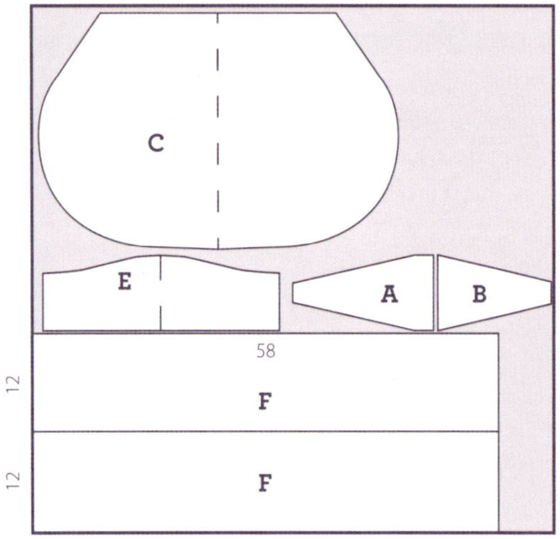

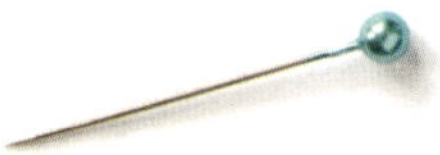

- 10 x 50 cm grauer, geblümter Stoff

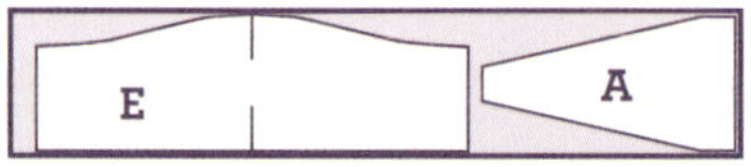

- 22 x 45 cm Stoff mit Vintage-Muster

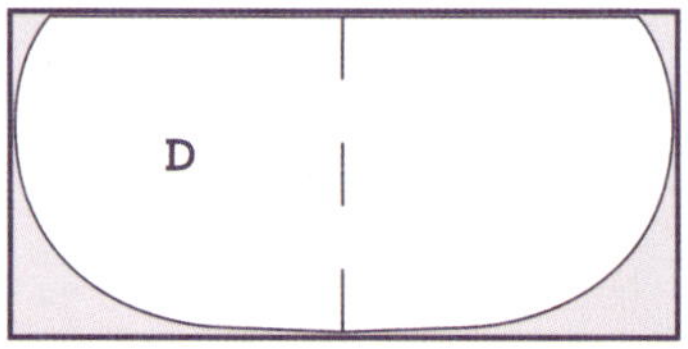

- 10 x 15 cm Motivstoff (Schere)

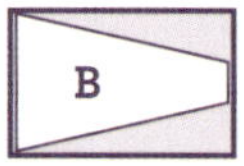

- 70 cm Zackenlitze
- 1,40 m Schrägband
- Zum Stoff passendes Garn

1 Anfertigen der Vorderseite der Scherentasche

Setzen Sie die Zackenlitze bündig auf die rechte Seite des oberen Rands von Teil B (auf den Außenstoff). Steppen Sie in halber Höhe der Zackenlitze. Legen Sie das Leinenfutter rechts auf rechts darauf. Steppen Sie auf der vorhergehenden Naht. Öffnen Sie die Naht mit dem Bügeleisen. Wenden Sie die Arbeit.

2 Zusammenfügen der Scherentasche

Legen Sie das Teil mit der Futterseite auf rechts auf Teil A aus geblümtem Stoff, setzen Sie das Leinenfutter A rechts auf rechts ein. Steppen Sie rundum, lassen Sie dabei die obere Kante offen. Wenden Sie die Arbeit.

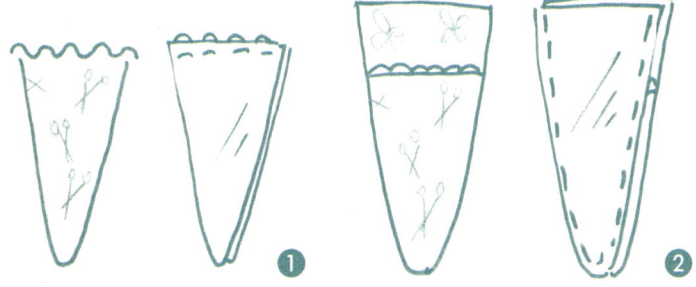

3 Vorbereitung der großen Tasche

Stecken Sie die Zackenlitze vertikal, mittig auf die rechte Seite der Tasche D. Nähen Sie das Schrägband (siehe Seite 116) rechts auf die Oberkante der Tasche. Schlagen Sie es nach vorne um und nehmen Sie das obere Ende der Zackenlitze ein. Übersteppen Sie das Schrägband.

4 Zusammenfügen und Einsetzen des Schrägbands als Bordüre

Setzen Sie die Tasche D rechts auf Teil C und steppen Sie die Zackenlitze auf beide Lagen. Nähen Sie das Schrägband auf links rund um die Schürze mit Ausnahme der oberen Kante. Schlagen Sie es auf rechts um und übersteppen Sie das Schrägband. Setzen Sie die Scherentasche auf den rechten, oberen Rand der Schürze.

5 Nähen der Bindebänder

Falten Sie jedes Band F der Länge nach zur Hälfte, rechts auf rechts. Steppen Sie die lange und eine kurze Seite. Wenden Sie die Arbeit.

6 Nähen der Taille und Einsetzen der Bindebänder

Setzen Sie die Zackenlitze rechts auf den oberen Rand von Teil E aus geblümtem Stoff. Steppen Sie in halber Höhe der Zackenlitze. Legen Sie das Leinenfutter rechts auf rechts darüber. Steppen Sie auf der vorhergehenden Naht. Öffnen Sie die Nahtzugabe mit dem Bügeleisen. Setzen Sie die Bindebänder (die offenen Enden nach außen) rechts auf rechts, auf die Seiten zwischen die beiden Stofflagen des Gürtels. Steppen Sie die Seiten des Gürtels. Durch die Öffnung wenden.

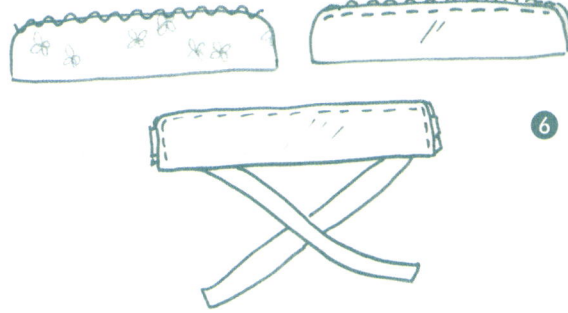

7 Zusammenfügen des Gürtels und der Schürze

Setzen Sie die rechte Seite des Futters auf die linke der Schürze. Schlagen Sie die vordere Seite des Gürtels auf die vordere Seite der Schürze und der Scherentasche um. Stecken Sie ihn fest, schlagen Sie ihn ein und übersteppen ihn.

Schnittmuster von Teil A auf Seite 118.

- 6,5 x 40 cm Leinen

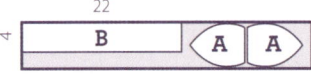

- 6,5 x 31 cm grauer, geblümter Stoff

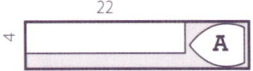

- 6,5 x 18 cm Stoff mit Vintage-Muster

- 6,5 x 9 cm bedruckter Stoff (Schere)

- 30 cm Satinband 0,5 cm breit

- Füllwatte

- 1 Druckknopf

- Zum Stoff passendes Garn

1 Anfertigen der Kugel

Setzen Sie die sechs Teile A, mit den abgerundeten Seiten rechts auf rechts, bündig zusammen. Wenden Sie die Arbeit.

2 Ausstopfen

Ziehen Sie einen Kräuselfaden durch die untere Seite. Stopfen Sie die Kugel mit Füllwatte aus und ziehen Sie an dem Faden, so schließen und formen Sie die Kugel (siehe Seite 115). Schließen Sie sie an der Unterseite von Hand.

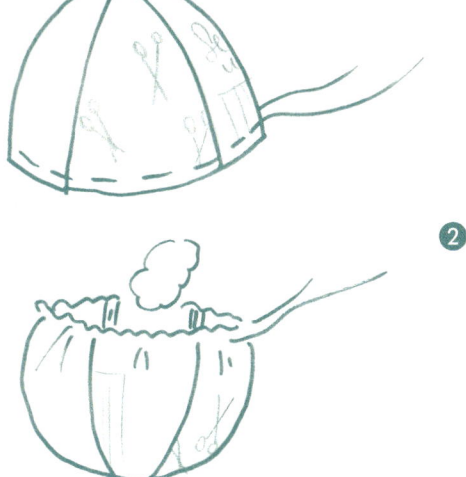

3 Fertigen des Armbands und Zusammenfügen

Setzen Sie die Streifen B rechts auf rechts zusammen und lassen Sie eine 5 cm große Öffnung. Wenden Sie die Arbeit und übersteppen Sie die Naht. Nähen Sie eine Druckknopfhälfte auf die Innenseite des einen Endes des Armbands, die zweite Hälfte gegenüber, auf die rechte Seite des anderen Endes des Armbands. Binden Sie eine Schleife aus dem Band und nähen Sie diese auf die Kugel. Anschließend nähen Sie die Kugel von Hand auf das Armband.

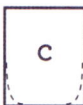

Material

- 13 x 61 cm bedruckter Stoff (Scheren)

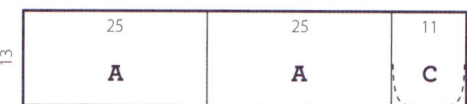

13	25	25	11
	A	**A**	**C**

- 13 x 11 cm Filz

C

- 13 x 50 cm Futterstoff

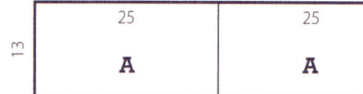

13	25	25
	A	**A**

- 9 x 25 cm durchsichtige Plastikfolie

B

- 35 cm Zackenlitze

- 25 cm Spitzenband 1 cm breit

- Reißverschluss 25 cm lang

- 1 Metallring und 1 Anhänger

- Zum Stoff passendes Garn

1 Anfertigen des Nadelkissens

Legen Sie die Teile C übereinander und runden Sie die Ecken ab. Setzen Sie die Zackenlitze rundum auf den gemusterten Stoff C, sparen Sie die kurze gerade Seite aus. Steppen Sie durch die Mitte der Zackenlitze. Setzen Sie das Teil, rechts auf rechts, auf den Filz. Steppen Sie in die vorhergehende Naht. Öffnen Sie die Naht mit dem Bügeleisen und wenden Sie die Arbeit. Setzen Sie den Umschlag rechts auf rechts in die Mitte eines der Teile A aus bedrucktem Stoff und heften Sie sie zusammen.

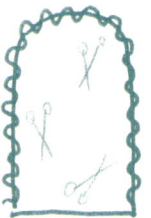

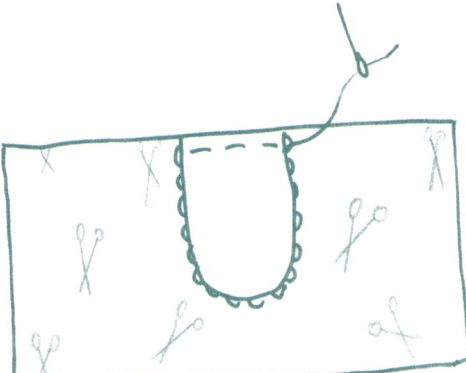

❶

2 Nähen der großen Tasche

Schlagen Sie die obere Seite der Tasche B 1 cm ein und steppen Sie das Spitzenband darüber. Legen Sie die Tasche auf die Vorderseite des Teils A aus gemustertem Stoff. Übersteppen Sie die Unterteilungen jeweils 9 cm von den Rändern.

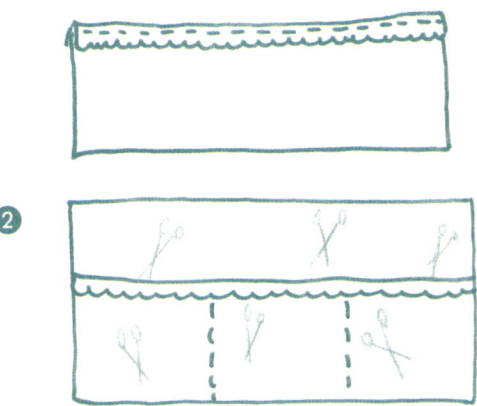

3 Einsetzen des Reißverschlusses

Nähen Sie den Reißverschluss an die obere Kante der beiden Teile A, rechts auf rechts. Übersteppen Sie die beiden Seiten des Reißverschlusses 0,2 cm vom Rand.

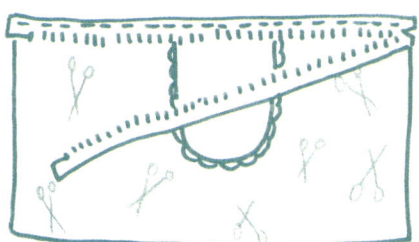

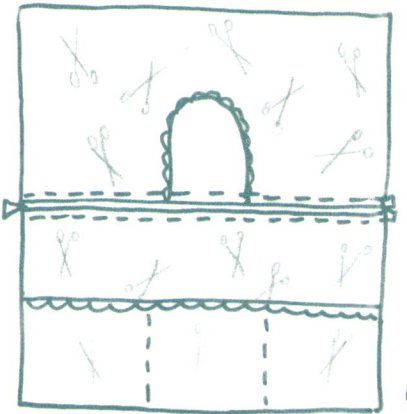

4 Zusammennähen des Mäppchens

Steppen Sie die drei Seiten des Etuis auf links. Denken Sie daran, den Reißverschluss zu öffnen.

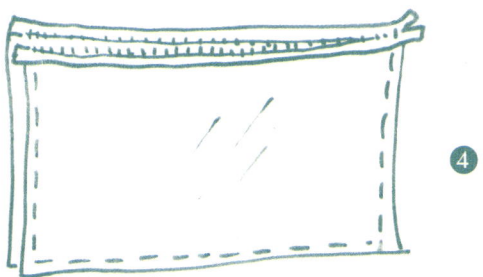

5 Zusammennähen und Einsetzen des Futters

Nähen Sie die drei Seiten des Teils A aus Futterstoff, rechts auf rechts. Stecken Sie das Futter in das Mäppchen. Falten Sie die obere Kante 0,5 cm nach innen um und nähen Sie von Hand entlang des Reißverschlusses.

6 Ausarbeitung

Befestigen Sie den Anhänger am Schieber des Reißverschlusses.

Liebenswerte Kurzwaren

Accessoires in lebendigen, auffallenden Farben; Muster, die an die Schilder der Kurzwarenläden erinnern: Es braucht nicht viel, um die Nähbegeisterten in den Bann zu ziehen. Mit Freuden werden Sie in diesem entzückenden Beutel Ihre Stickarbeit überallhin mitnehmen können. Sehr raffiniert ist der Stickrahmen in seinem Inneren gut aufgeräumt. Ebenso wenig werden Sie der kleinen Nähtasche, im Stil einer Handtasche, widerstehen können. Auch Ihr Maßband und Ihre Nadeln werden einen eigenen Platz erhalten… Man wird Sie um dieses Set beneiden!

Anleitung Mini-Nähtasche Seite 76

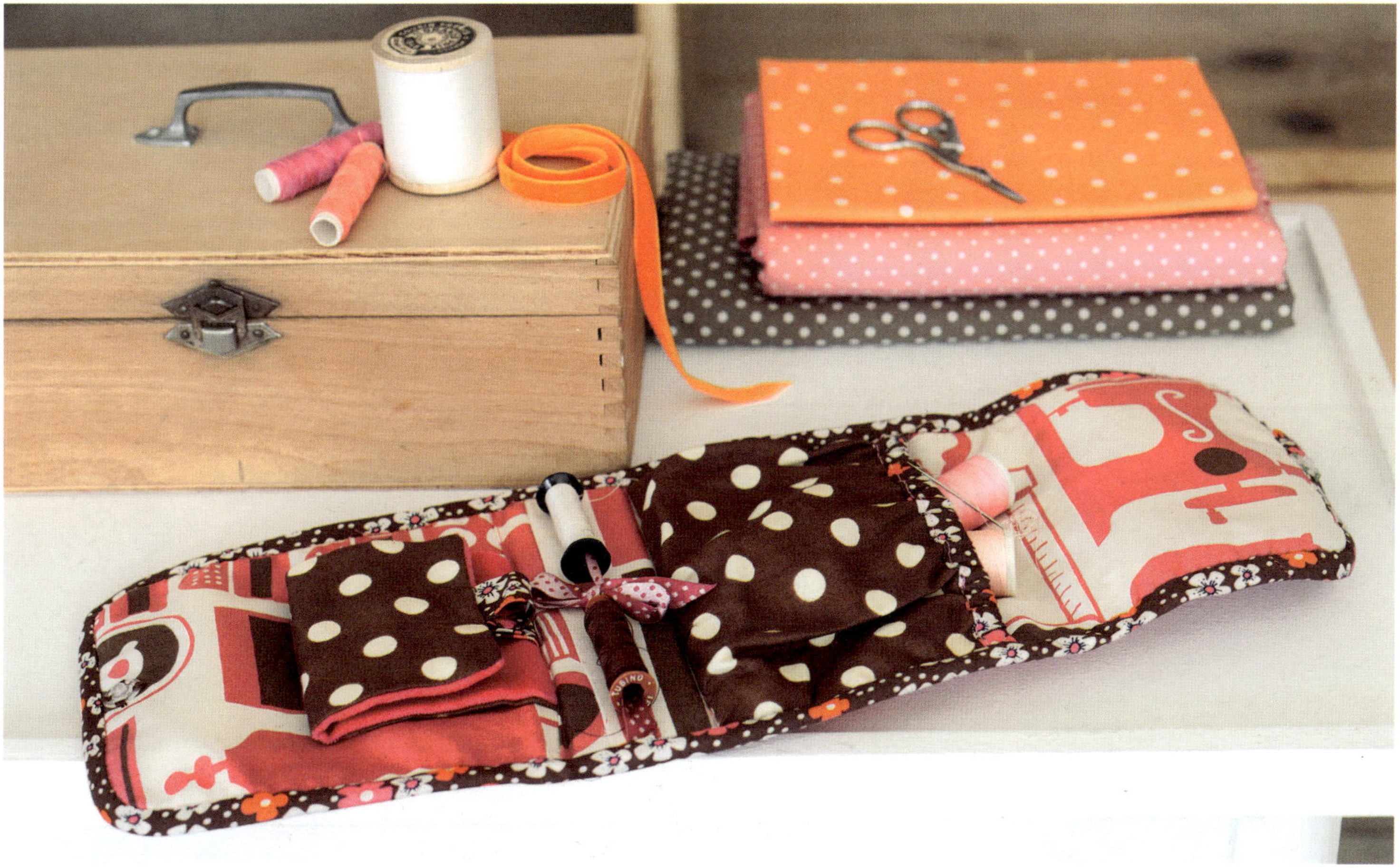

Anleitung Nadelheftchen Seite 79

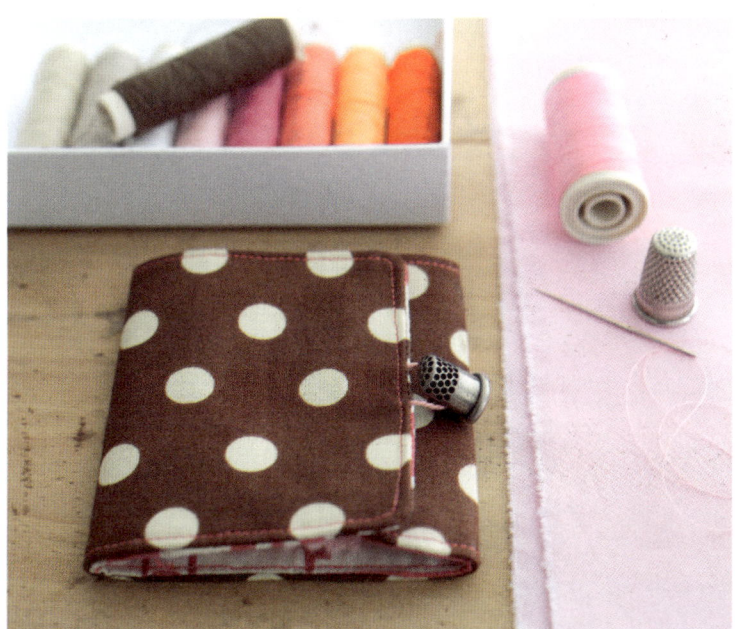

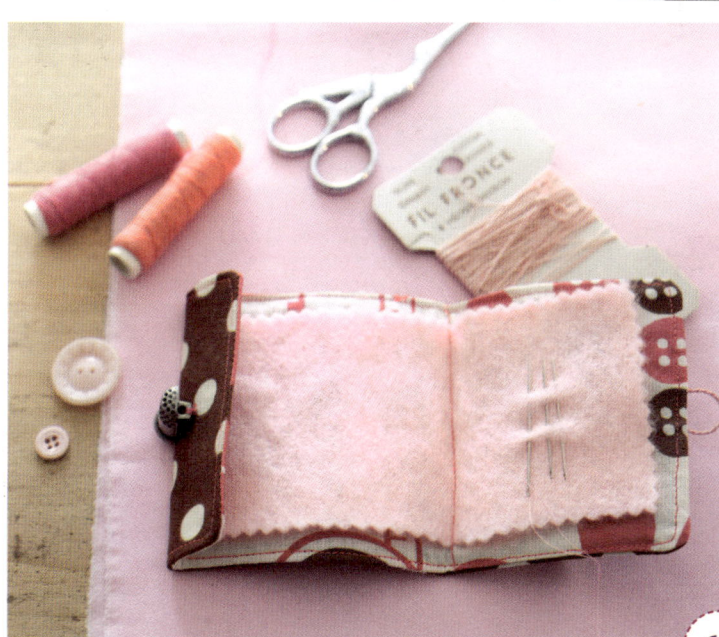

Anleitung Stickbeutel Seite 70

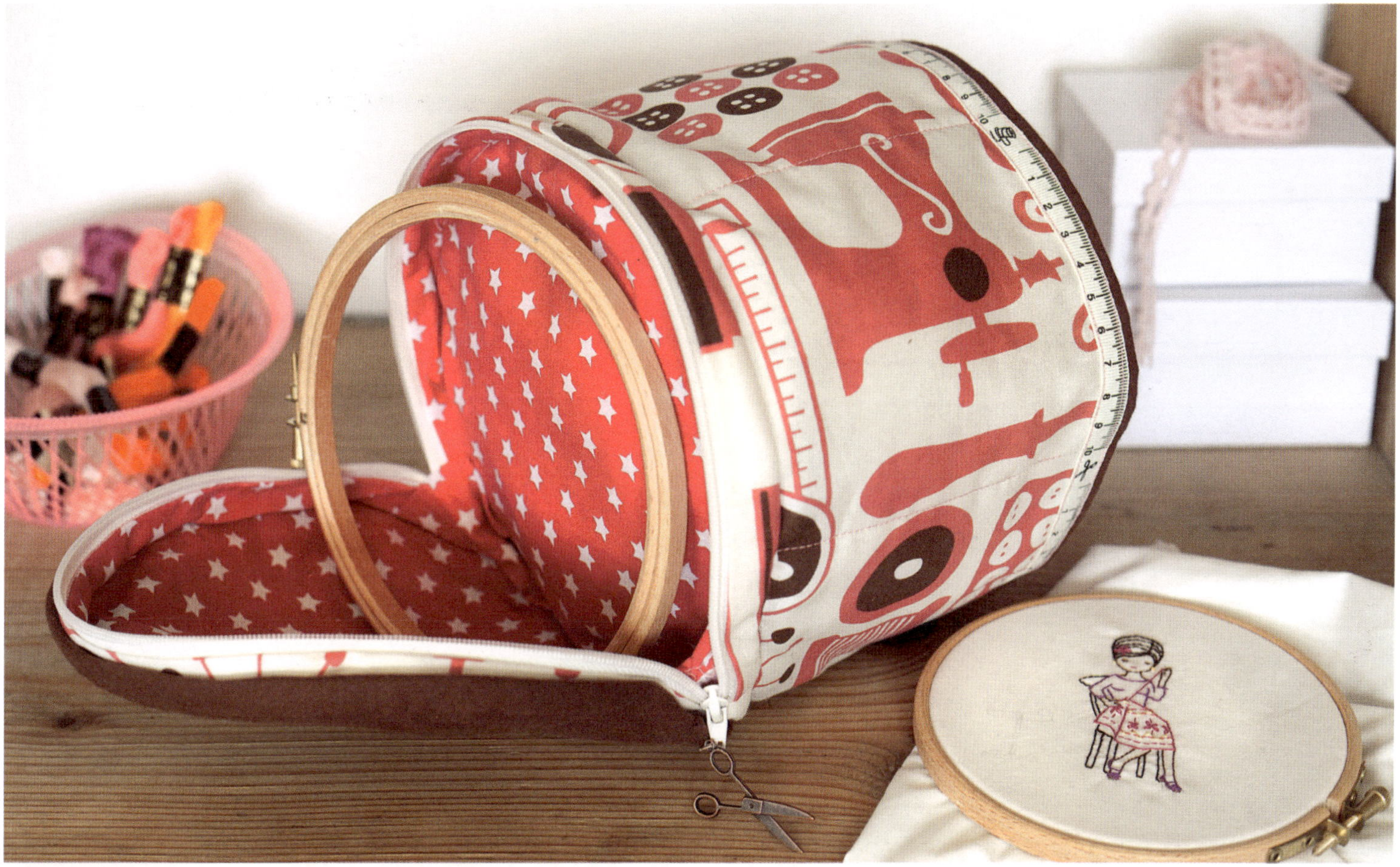

Anleitung Maßband-Rolle Seite 74

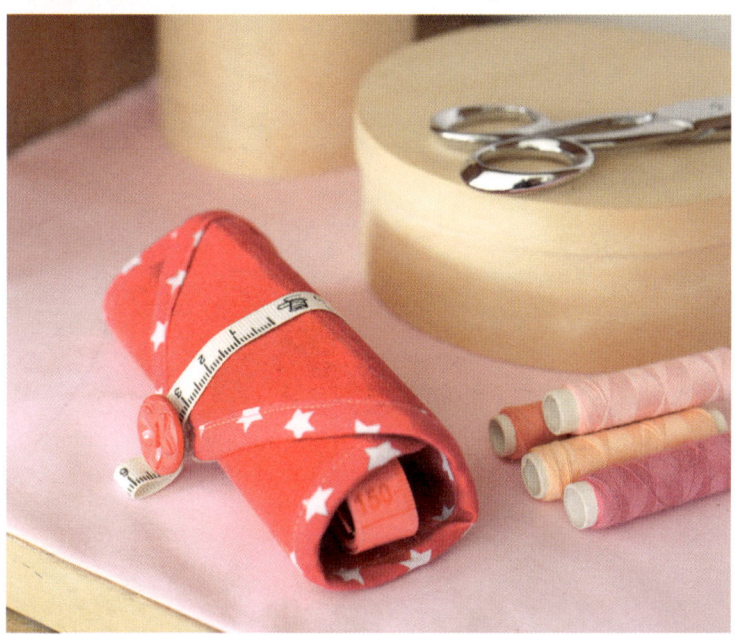

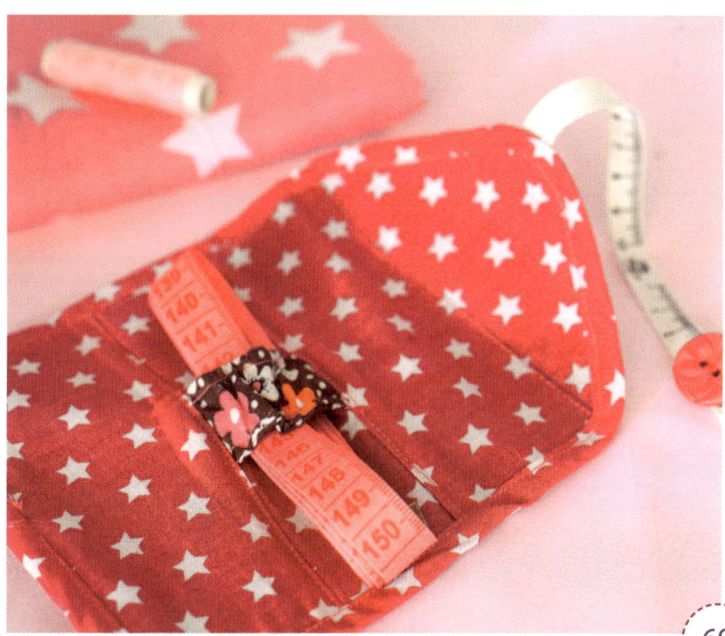

Material

- 20 x 65 cm gemusterter Stoff

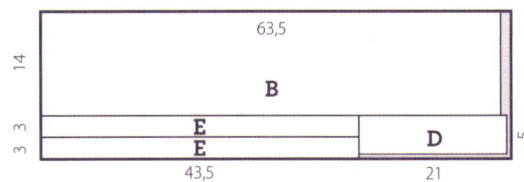

- 22 x 86 cm brauner Stoff

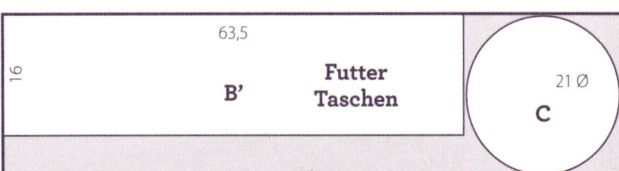

- 20 x 63,5 cm Samt

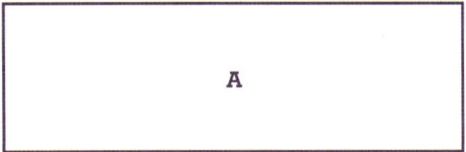

- 30 x 130 cm bedruckter Futterstoff (Sterne)

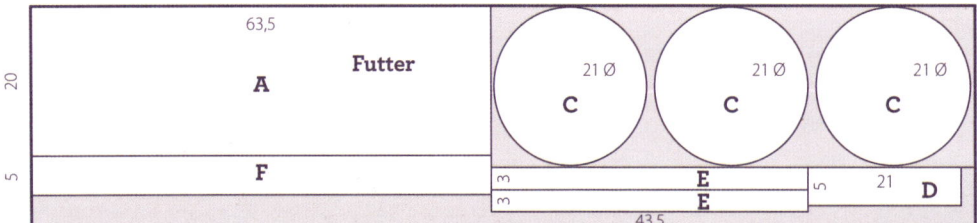

- 1 Scheibe Bügelvlies 21 cm Durchmesser

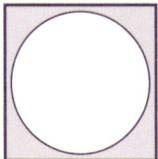

- 70 cm braunes Schrägband

- 62 cm Fantasieband 1 cm breit

- 90 cm Satinband 0,5 cm breit

- 1 Reißverschluss 45 cm lang

- 1 Metallring und 1 Anhänger

- Zum Stoff passendes Garn

1 Zusammenfügen der aufgesetzten Taschen

Legen Sie die beiden Teile B und B' rechts auf rechts aufeinander. Steppen Sie die lange obere Kante, öffnen Sie die Naht mit dem Bügeleisen. Falten Sie auf rechts und lassen Sie das Futter oben überstehen. Steppen Sie das Band 0,5 cm vom oberen Rand. Stecken Sie das gefütterte Teil B, die braune Seite auf rechts des Teils A aus Samt. Übersteppen Sie die Unterteilungen der Taschen 1,5 cm vom oberen Rand ca. alle 11 cm.

2 Vorbereitung des Stickrahmenfachs

Steppen Sie die Teile E des gemusterten Stoffs auf beiden Seiten des Reißverschlusses, rechts auf rechts. Steppen Sie das Teil D nach dem Zusammensetzen, rechts auf rechts. Öffnen Sie die Nähte.

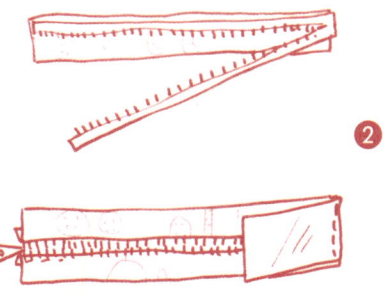

3 Futter für das Stickrahmenfach

Steppen Sie die Futterteile E rechts auf links auf beide Seiten des Reißverschlusses. Steppen Sie das Futterteil D am Ende des Reißverschlusses, rechts auf rechts. Öffnen Sie die Nähte.

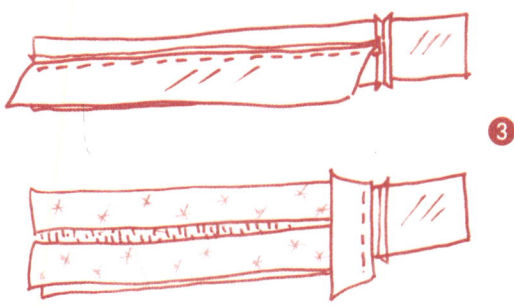

4 Den Beutel in Form bringen

Fügen Sie das Teil des Stickrahmenfachs mit der unteren Kante des Teils A rechts auf rechts zusammen. Beginnen und beenden Sie die Naht auf beiden Seiten 0,5 cm vom Rand. Schlagen Sie das Seitenteil des Stickrahmenfachs nach unten ein. Legen Sie die Seiten rechts auf rechts aufeinander und steppen Sie die ganze Höhe, ohne das Futter mit einzunehmen. Falten Sie die Nahtzugabe des Futters auf die Innenseite und schließen Sie die Naht von Hand.

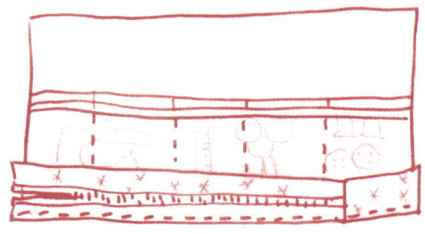

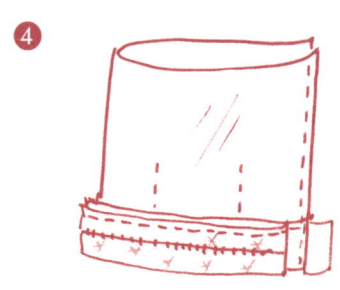

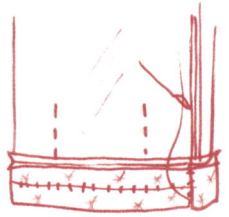

5 Trennen von Taschenoberteil und Stickrahmenfach

Falten Sie das Stickrahmenfach im Beutel, rechts auf rechts. Setzen Sie den Umfang des Kreises aus Futterstoff inklusive der Nahtzugabe, an die Seitenteile des Beutels an. Die rechte Seite des Kreises bildet den oberen Teil des Stickrahmenfachs. Steppen Sie auf der bestehenden Naht.

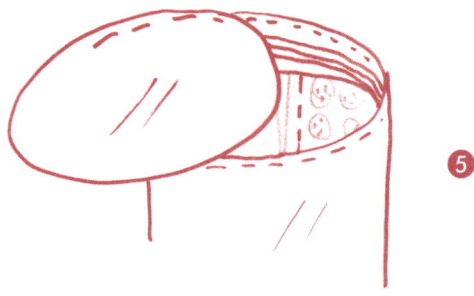

6 Einsetzen des Bodens

Bringen Sie mit einem Bügeleisen das Bügelvlies auf der Rückseite von Teil C, dem Boden des Stickrahmenfachs an. Setzen Sie die Seite mit dem Bügelvlies auf Futterstoff C, links auf links. Futter auf Futter, setzen Sie diese Scheibe und die Unterteilung für den Stickrahmen ein.

7 Umrahmung des Bodens

Steppen Sie ein Schrägband auf die Nahtzugabe des Bodens (siehe Seite 116). Schlagen Sie das Schrägband von Hand auf die Unterseite um.

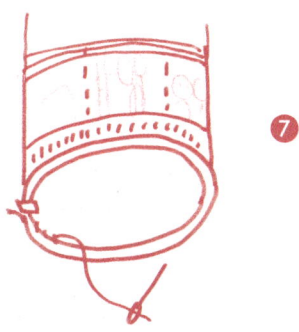

8 Futter des oberen Teils des Beutels

Setzen Sie das Futter und das letzte Teil C rechts auf rechts zusammen. Beginnen und beenden Sie die Naht 0,5 cm vom Rand. Setzen Sie die Ränder aufeinander und steppen Sie die Seite. Lassen Sie eine Öffnung.

9 Einsetzen des Tunnelzugs

Falten Sie 0,5 cm an jedem Ende von Teil F für den Tunnelzug und steppen Sie ihn ab. Schieben Sie das Futter rechts auf rechts in den Beutel. Falten Sie den Streifen des Tunnelzugs zur Hälfte links auf links und setzen Sie ihn zwischen Beutel und Futter, den Umschlag nach unten, die Öffnung gegenüber der Seitennaht und steppen Sie ihn fest. Wenden Sie den Beutel durch die Öffnung im Futter. Schließen Sie sie von Hand. Ziehen Sie das Satinband in den Tunnelzug.

Material

- 14 x 20 cm Samt

- 14 x 22 cm gemusterter Stoff (Sterne) und Bügelvlies

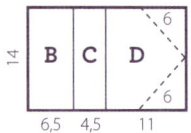

- 12 cm gemustertes Schrägband für die Schlaufe

- 60 cm zum bedruckten Stoff (Sterne) passendes Schrägband

- 20 cm Fantasieband 1 cm breit

- 4 cm Gummiband 1,5 cm breit

- 1 Druckknopf

- 1 Fantasieknopf

- Zum Stoff passendes Garn

1 Vorbereitung des Tunnelzugs

Schneiden Sie das gemusterte Schrägband entzwei. Legen Sie die beiden Teile, mit eingeschlagenem Falz zur Mitte, übereinander. Übersteppen Sie beide Längen 0,2 cm vom Rand. Ziehen Sie den Gummi ein. Sichern Sie den Gummi auf beiden Seiten mit ein paar Stichen.

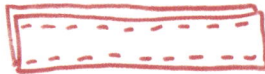

1

2 Vorbereitung der inneren Teile

Bügeln Sie das Vlies auf die linke Seite der Teile B, C und D auf. Stecken Sie den Tunnelzug in der Mitte von Teil C fest.

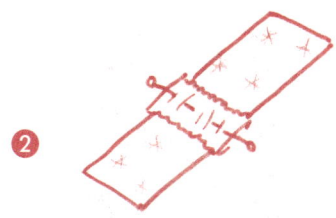

3 Zusammennähen der inneren Teile

Steppen Sie die Teile B und C und C und D rechts auf rechts zusammen. Öffnen Sie die Nähte mit dem Bügeleisen.

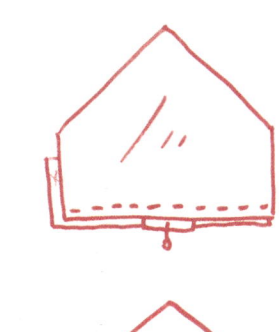

4 Einsetzen des Schrägbands

Setzen Sie die Innenseite links auf links auf Teil A. Steppen Sie rundum. Nähen Sie ein Schrägband auf die Innenseite, schlagen Sie es nach außen um und übersteppen Sie es (siehe Seite 116).

5 Ausarbeitung

Nähen Sie das Fantasieband von Hand auf die Lasche, biegen Sie dabei ein Ende um und passen die Länge so an, dass es sich um das Täschchen wickeln lässt. Nähen Sie die eine Druckknopfhälfte auf das Band an die Spitze der Lasche und die zweite Hälfte auf das Ende des eingeschlagenen Bandes, nähen Sie dann den Zierknopf an.

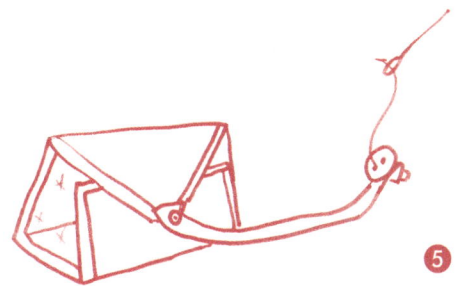

- **17 x 59 cm Samt**

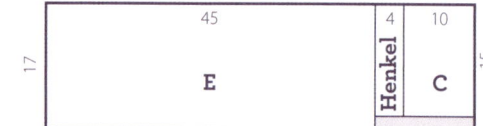

- **17 x 45 cm Filz**

- **17 x 47 cm gemusterter Stoff**

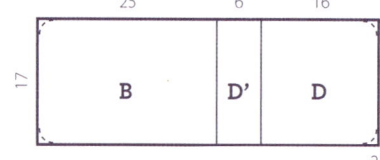

- **15 x 35 cm brauner, gepunkteter Stoff**

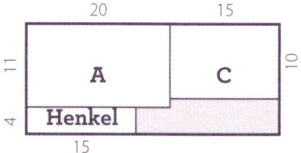

- **1,70 m gemustertes Schrägband**

- **50 cm Band 1 cm breit**

- **20 cm Gummiband 0,5 cm breit**

- **3 Druckknöpfe**

- **1 Anhänger**

- **Zum Stoff passendes Garn**

1 Vorbereitung der Tasche

Versäubern und kräuseln Sie die lange Innenseite von Teil A (siehe Seite 115). Setzen Sie ein Schrägband auf den oberen Rand (siehe Seite 116) von Teil A. Ziehen Sie den Gummi mit einer Sicherheitsnadel auf der Seite des Schrägbands ein und ziehen es auf der anderen Seite wieder heraus.

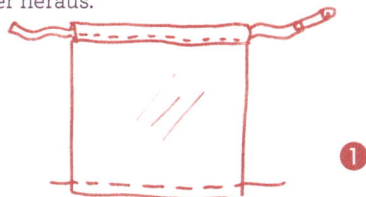

2 Einsetzen der Tasche

Runden Sie die beiden oberen Ecken von Teil B ab. Legen Sie die Innenseite von Teil B und die Tasche A rechts auf rechts, Gummi nach unten, aufeinander. Passen Sie die Breite der Tasche an und steppen Sie 0,5 cm vom Rand in die Kräuselung. Schlagen Sie die Tasche auf rechts von Teil B um. Regulieren Sie am Gummiband die Weite. Steppen Sie die beiden Seiten der Tasche ab.

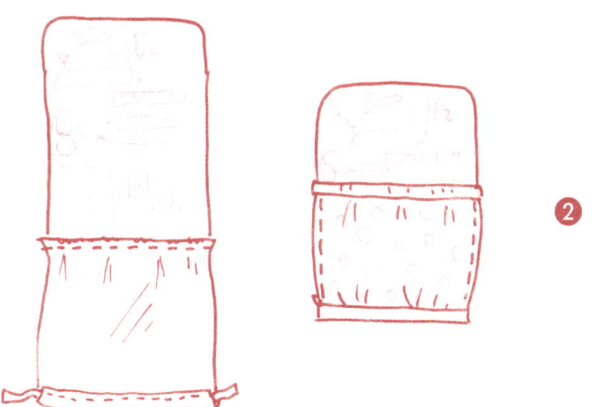

3 Vorbereitung des Nadelkissens

Schneiden Sie 5 cm vom Schrägband ab und legen es mit der gefalzten Seite zur Mitte. Falten Sie es der Länge nach. Setzen Sie diese kleine Lasche auf die untere, kurze Seite von Stoffteil C, auf die rechte Seite des Stoffs, mit dem Falz nach innen. Legen Sie die beiden Teile C rechts auf rechts übereinander, steppen Sie die beiden langen Seiten und die kurze Innenseite. Wenden Sie die Arbeit.

4 Zusammennähen des Tascheninnenlebens

Runden Sie die inneren Ecken von Teil D ab. Zentrieren und stecken Sie die offene Seite des Nadelkissens auf die obere Seite von Teil D. Setzen Sie eine zweite identische Lasche auf die Vorhergehende, auf Höhe des Nadelkissens, den Umschlag des Bandes nach unten. Steppen Sie Teil D' mit den Teilen C und D rechts auf rechts zusammen, dann Teil D' mit den Teilen A und B, ebenso rechts auf rechts.

5 Zusammensetzen der beiden Seiten und Einsetzen des Schrägbands

Setzen Sie die Innenseite der Tasche auf Teil E aus Filz, dann die beiden Teile auf die linke Seite von E aus Samt. Runden Sie die Ecken der Teile ab, wie beim Zusammensetzen der Innenteile. Steppen Sie alle Lagen zusammen. Schneiden Sie das Band entzwei. Setzen Sie das Band für die Spulen auf die kurze Seite von Teil D'. Übersteppen Sie den Taschenboden, entlang der Hauptnaht des zentralen Teils D'. Nähen Sie das Schrägband auf den Rand des Taschenumfangs (siehe Seite 116).

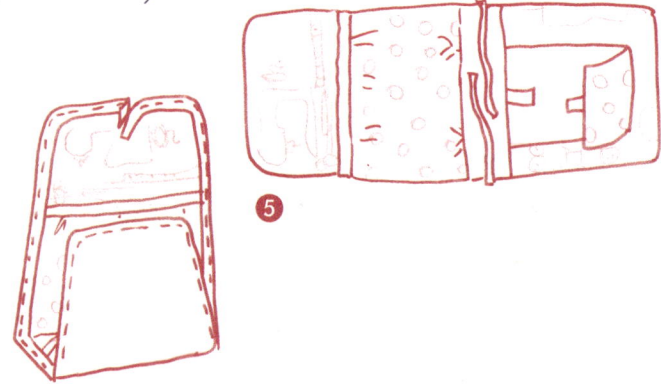

6 Nähen des Henkels

Setzen Sie die Stoffe rechts auf rechts zusammen. Nähen Sie die vier Seiten und lassen eine Öffnung von 5 cm auf einer der langen Seiten. Wenden Sie die Arbeit und schließen Sie die Naht von Hand. Setzen Sie den Henkel oben mittig auf die Tasche, 2 cm von den Rändern. Nähen Sie ihn von Hand an.

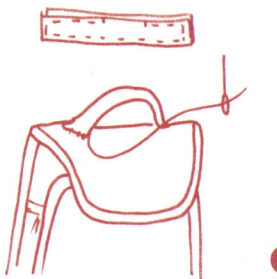

7 Ausarbeitung

Nähen Sie die drei Druckköpfe an. Nähen Sie jeweils eine Druckknopfhälfte auf die beiden Laschen des Nadelkissens. Nähen Sie die erste Hälfte des zweiten Druckknopfes an den unteren Rand der Innenseite und die zweite Hälfte 3 cm über die elastische Tasche. Nähen Sie die erste Hälfte des dritten auf die Innenseite des Umschlags und die zweite Hälfte gegenüber auf die Vorderseite der Tasche. Nähen Sie einen Anhänger auf die Seite des Schrägbands auf die Patte.

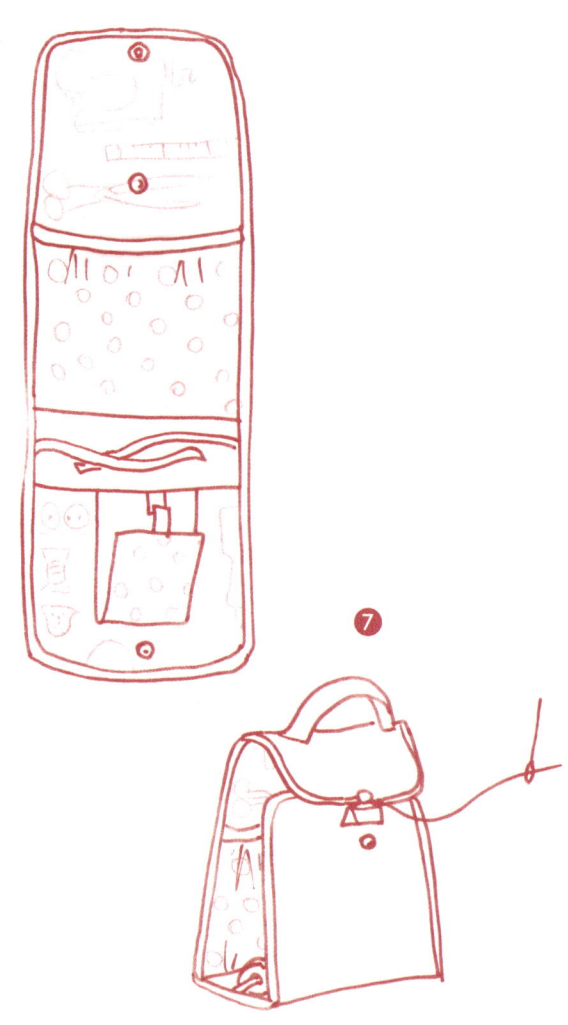

Material

- 19 x 10 cm bedruckter Stoff, brauner, gepunkteter Stoff und Bügelvlies

  A

- 7 x 14 cm Filz (mit der Zackenschere abgeschnitten)

  B

- 1 Fantasieknopf

- Stickgarn oder feines Band

- Zum Stoff passendes Garn

1 Zusammensetzen der inneren und äußeren Teile

Bügeln Sie das Vlies auf die linke Seite von Innenstoff A und setzen ihn dann, rechts auf rechts, auf den Außenstoff A. Steppen Sie rundum und lassen Sie eine Öffnung von 5 cm auf einer der langen Seiten. Wenden Sie die Arbeit.

2 Anfertigen des Verschlusses

Ziehen Sie Stickgarn oder ein feines Band mit einer Wollnadel durch die Öffnung. Befestigen Sie in der Mitte einer der kurzen Seiten eine Schlaufe für den Verschluss, die Sie dem Durchmesser des Knopfes anpassen. Verknoten Sie die Schlaufe auf der Innenseite. Schließen Sie die Öffnung von Hand.

3 Ausarbeitung

Übersteppen Sie rundum 0,2 cm vom Rand. Setzen Sie Teil B aus Filz 1 cm vom Rand mit der Schlaufe auf die Innenseite des Mäppchens. Steppen Sie Teil B auf die drei Lagen, 7 cm vom Rand mit der Schlaufe. Nähen Sie den Knopf gegenüber der Seite mit der Schlaufe an.

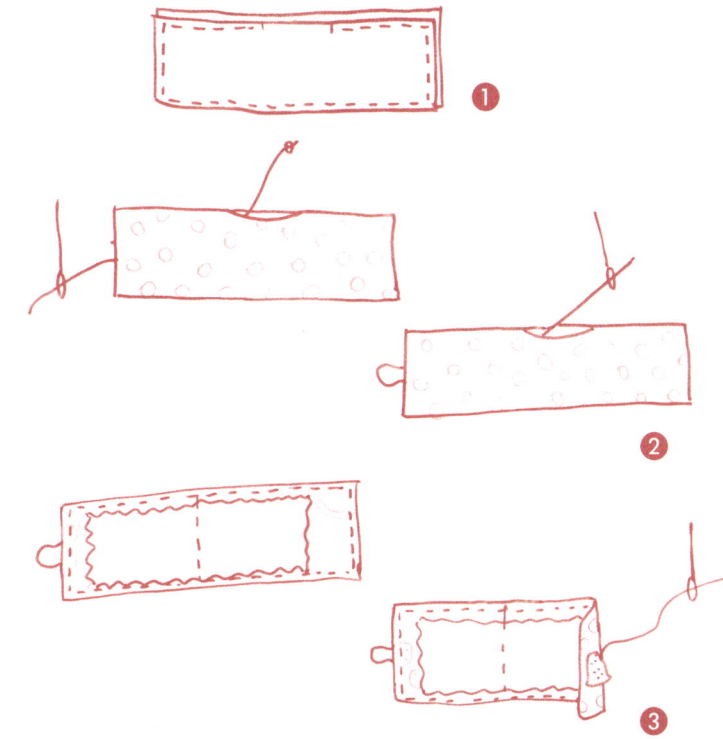

Nähkränzchen

Geben Sie Ihrem Nähstübchen mit diesem raffinierten und appetitlich aussehenden Ensemble ein gemütliches Ambiente. Die Freundinnen des Patchworks werden sich für die große Tasche sofort begeistern, in der problemlos jede Menge Accessoires Platz finden, wie die Schneidunterlage, Lineale, ein Rollschneider, Scheren … Schneidern Sie für Ihr unentbehrliches Nähzubehör Etuis und Taschen in originellen Formen: ein liebenswertes Cupcake-Etui für die Garnrollen, eine hübsche Tasse als Nadelkissen und ein Scherenetui in Form einer Teekanne. Sie werden ganz zweifellos viel Freude beim Schneidern dieser originellen Modelle haben … bis Sie Ihre Freundinnen zu einer süßen Pause treffen, die Sie sich sehr wohl verdient haben!

Anleitung für die Lieblingstasche der Quilterin Seite 92

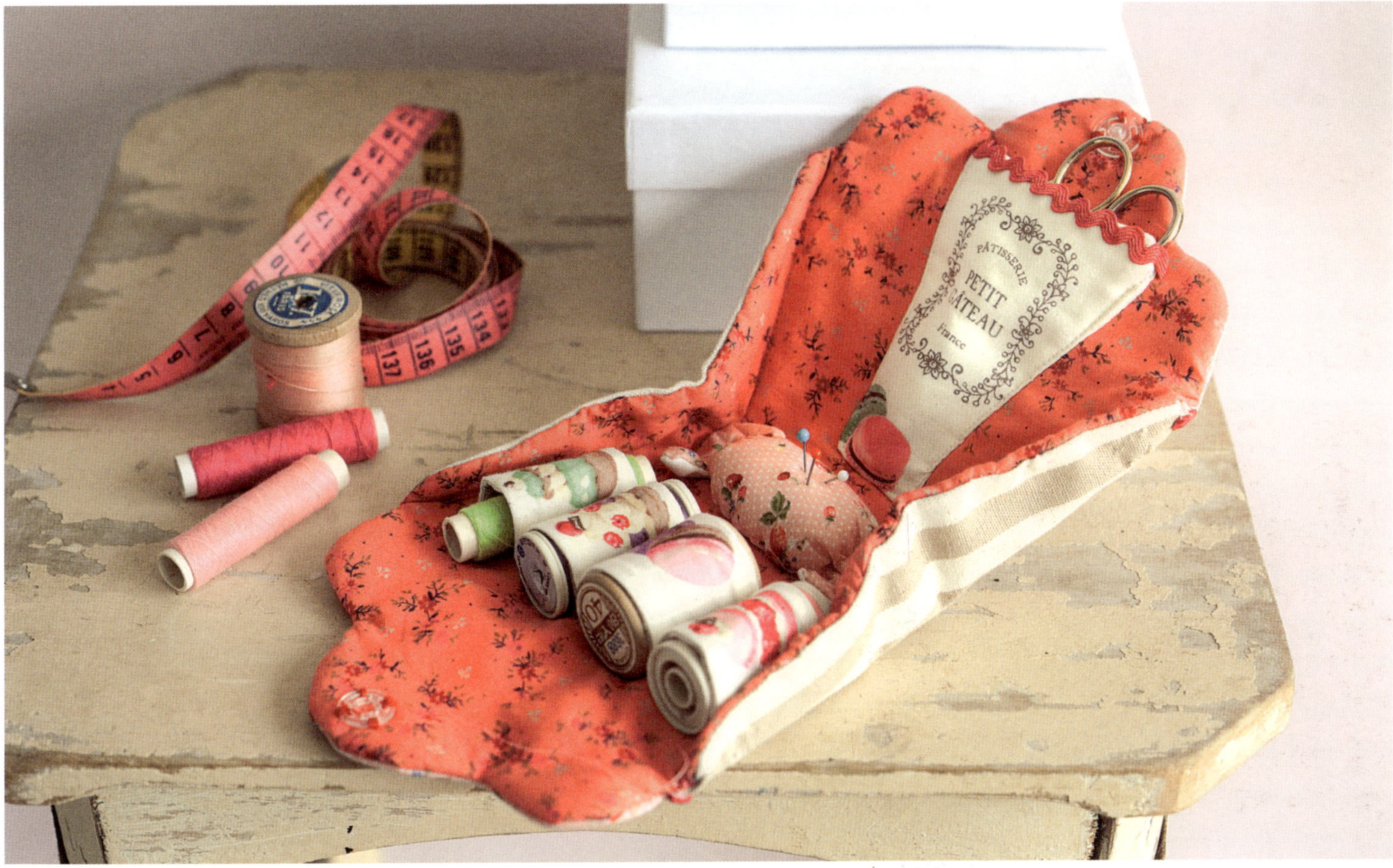

Anleitung für das Cupcake-Etui Seite 86

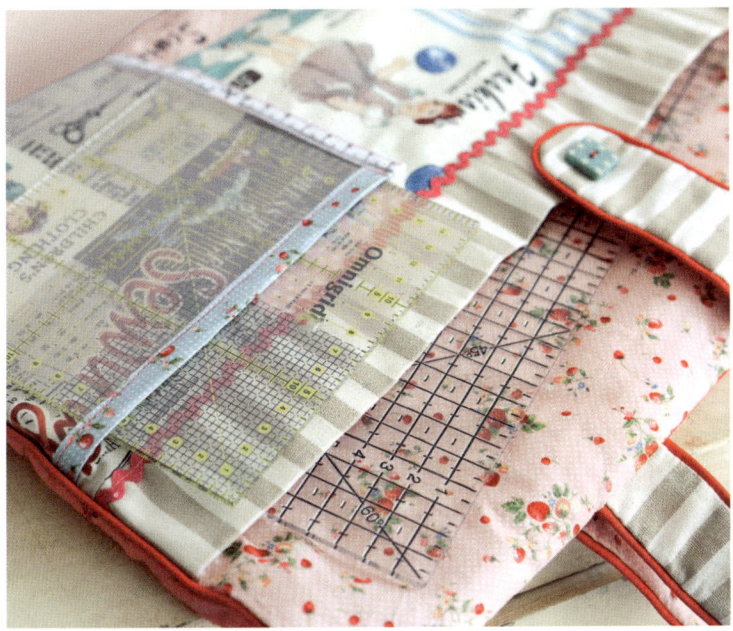

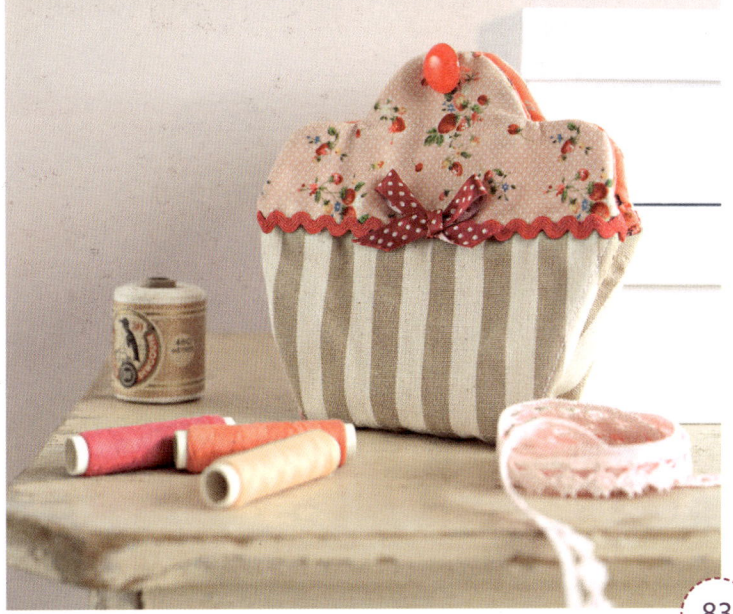

Anleitung für das Nadelkissen ,Tasse' Seite 90

Anleitung für das Scherenetui ‚Teekanne' Seite 88

Material ✂

Siehe Schnitt Seite 122

- 20 x 30 cm zartrosafarbener, gemusterter Stoff

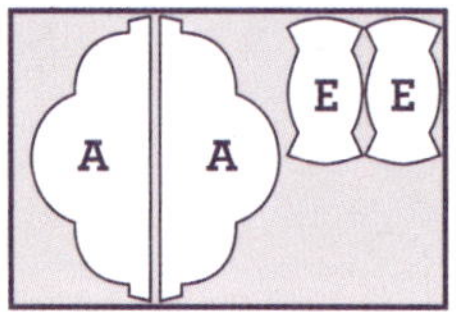

- 20 x 20 cm gestreifter Stoff

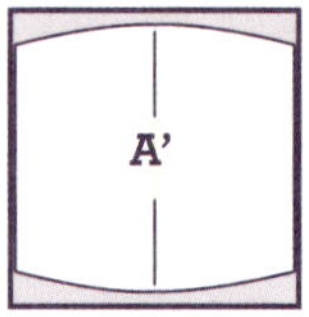

- 20 x 32 cm dunkelrosafarbener, gemusterter Stoff und Filz

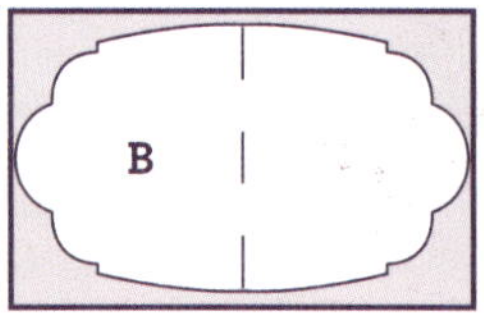

- 12 x 30 cm bedruckter Stoff (Emblem) und rohweißer Futterstoff

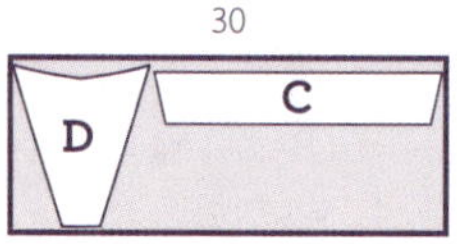

- 40 cm Zackenlitze

- 25 cm Band 1 cm breit

- Füllwatte

- 1 Druckknopf

- 1 Fantasieknopf

- Zum Stoff passendes Garn

1 Zusammennähen der äußeren Stoffe

Nähen Sie Teil A' und die Teile A rechts auf rechts zusammen. Steppen Sie die Zackenlitze auf beiden Seiten auf den Stoß.

2 Vorbereitung der Garnrollenhalter

Setzen Sie die beiden Stoffe C rechts auf rechts zusammen. Steppen Sie die vier Seiten und lassen Sie eine Öffnung von 4 cm auf einer der langen Seiten. Wenden Sie die Arbeit. Schließen Sie die Öffnung von Hand.

3 Zusammensetzen der Innenseite und des Garnrollenhalters

Setzen Sie die linke Seite von Teil B auf den Filz. Heften Sie die beiden Stoffe zusammen. Setzen Sie den Streifen C auf die Innenseite des mit Filz gefütterten Stoffs. Steppen Sie senkrecht in der Mitte, dann an den beiden Enden und schließlich zwischen der mittleren und den seitlichen Nähten.

4 Vorbereitung der Scherentasche

Setzen Sie die beiden Teile D rechts auf rechts zusammen. Steppen Sie rundum und lassen Sie eine Öffnung von 4 cm auf einer der langen Seiten. Wenden Sie die Arbeit. Schließen Sie die Öffnung von Hand. Steppen Sie die Zackenlitze auf die obere Seite und schlagen Sie die Enden nach innen um.

5 Einsetzen der Scherentasche

Setzen Sie die Scherentasche auf den inneren mit Filz unterfütterten Stoff. Steppen Sie die drei unteren Seiten 0,2 cm vom Rand.

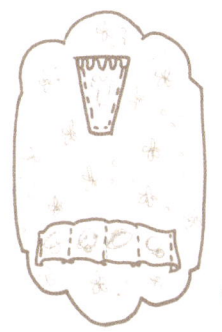

6 Vorbereitung des Nadelkissens

Setzen Sie die Teile E rechts auf rechts zusammen. Steppen Sie rundum und lassen Sie eine Öffnung von 4 cm auf einer der langen Seiten. Ziehen Sie einen Kräuselfaden senkrecht auf jeder Seite ein (siehe Seite 115) und formen so ein Bonbon. Stopfen Sie dieses mit Füllwatte. Schließen Sie die Öffnung von Hand.

 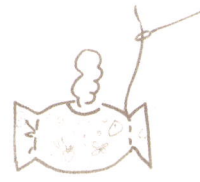 

7 Zusammensetzen der inneren und äußeren Teile

Setzen Sie die zusammengesetzten Außenstoffe rechts auf rechts auf den Futterstoff des Etuis. Steppen Sie rundum und lassen Sie eine Öffnung von 8 cm auf einer der langen Seiten. Schneiden Sie die Rundungen ein und wenden Sie die Arbeit.

8 Ausarbeitung

Schließen Sie die Öffnung von Hand. Übersteppen Sie die seitlichen Umschläge und den Boden. Setzen Sie das Bonbon-Nadelkissen mittig auf das Innere der Tasche. Nähen Sie es von Hand am Boden fest. Nähen Sie die beiden Teile des Druckknopfes auf die Innenseite des Etuis an die Spitze des Cupcakes., Nähen Sie einen Fantasieknopf auf die Vorderseite des Etuis. Formen Sie eine Schleife und nähen Sie sie auf die Zackenlitze.

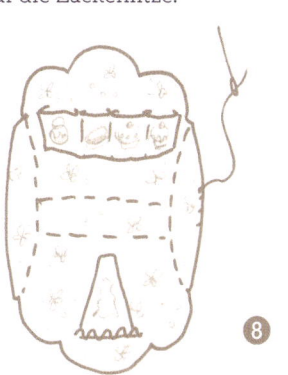 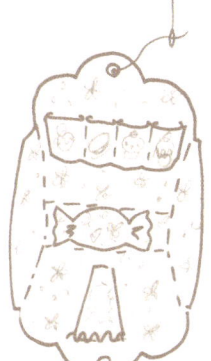

Material

Siehe Schnittmuster Seite 125

Für eine 10 bis 13 cm lange Schere

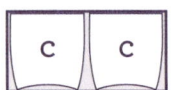

- 11 x 22 cm kleingemusterter, hellrosafarbener Stoff

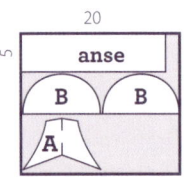

- 19 x 22 cm kleingemusterter, dunkelrosafarbener Stoff

- 25 x 22 cm Filz

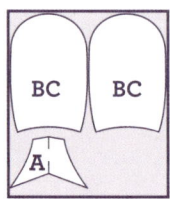

- 22 cm blaues Schrägband

- 20 cm zum rosafarbenen Stoff passendes Schrägband

- 50 cm Satinband 0,3 cm breit

- Füllwatte

- 1 große Perle

- Zum Stoff passendes Garn

1 Zusammensetzen der beiden Außenseiten

Setzen Sie die Beiden Stoffe B und C rechts auf rechts zusammen. Sie bilden die Rück- und Vorderseite des Etuis. Steppen Sie das blaue Schrägband auf beiden Seiten an die untere Kante von B (siehe Seite 117).

2 Zusammensetzen der Innenseiten aus Filz

Setzen Sie die beiden Seiten links auf die entsprechenden Teile aus Filz. Heften Sie die Teile rundum.

3 Vorbereiten des Schnabels

Setzen Sie die linke Seite von Stoff A auf das passende Gegenstück aus Filz. Heften Sie die Teile rundum zusammen. Falten Sie sie rechts auf rechts. Steppen Sie die kurze und die daran angrenzende Seite. Wenden Sie die Arbeit.

4 Einsetzen des Schnabels

Setzen Sie Teil A rechts auf rechts mit der offenen Seite nach innen auf die dazugehörige Seite der Teekanne. Setzen Sie sie mittig zwischen das Schrägband und den unteren Rand.

5 Einsetzen des Henkels

Falten Sie den Stoff des Henkels zur Hälfte, rechts auf rechts. Steppen Sie die lange Seite. Wenden Sie die Arbeit und stopfen Sie sie mit Füllwatte. Setzen Sie den Henkel dem Schnabel gegenüber ein, das Ende nach außen.

6 Zusammennähen der beiden Seiten

Setzen Sie die vorderen und hinteren Teile rechts auf rechts zusammen. Steppen Sie rundum und lassen Sie die untere Seite von Teil C offen und eine weitere Öffnung von 1,5 cm oben am Deckel B. Wenden Sie das Nähgut.

7 Ausarbeitung

Setzen Sie das Schrägband auf den unteren Rand von Teil C (siehe Seite 116). Falten Sie das Satinband zur Hälfte, ziehen Sie die Schlaufe in eines der Scherenaugen und bügeln Sie die beiden Enden des Bandes in die Schlaufe. Ziehen Sie sie durch die Öffnung des Deckels und dann durch die Perle. Verknoten Sie die beiden Enden des Bandes.

Siehe Schnittmuster Seite 124

- 18 x 18 cm kleingemusterter hellrosafarbener Stoff

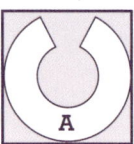

- 12 x 20 cm kleingemusterter, dunkelrosafarbener Stoff

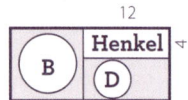

- 10 x 25 cm rosafarbener Vichy Karo Stoff

- 22 x 30 cm Futterstoff und Bügelvlies

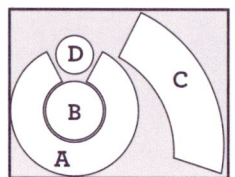

- 1 kreisrundes Leinen von 18 cm Durchmesser

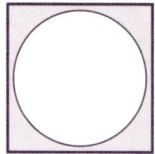

- Stoffrest und Stickgarn für das Etikett

- 55 cm Zackenlitze

- Füllwatte

- Zum Stoff passendes Garn

1 Vorbereitung der aufzubügelnden Teile

Bügeln Sie das Vlies auf die linke Seite der entsprechenden Außenstoffe.

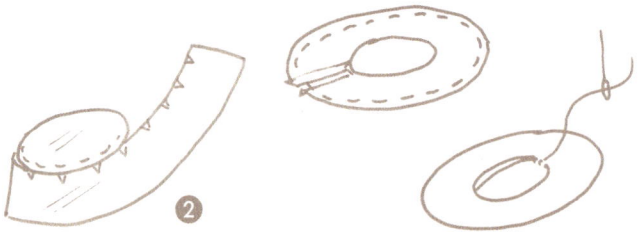

2 Zusammensetzen der Untertasse mit dem Futter

Schneiden Sie den inneren Rand von Teil A ein (Außenstoff). Setzen Sie es mit Teil B (Außenstoff) rechts auf rechts zusammen, beginnen und enden Sie die Naht 0,5 cm vom Rand. Schließen Sie die seitliche Naht von Teil A, rechts auf rechts. Nähen Sie das Futter von Teil A rechts auf rechts mit der Untertasse zusammen. Durch die Mitte wenden. Schlagen Sie Futterstoff B einmal nach innen um und fixieren Sie den Umschlag von Hand.

3 Zusammensetzen der Tasse mit dem Bodenfutter

Setzen Sie das Futter und Stoff C rechts auf rechts zusammen. Schneiden Sie den oberen Rand ein und steppen Sie ihn ab. Öffnen Sie die Naht mit dem Bügeleisen. Schneiden Sie den unteren Rand von Außenstoff C ein und setzen ihn rechts auf rechts mit Außenstoff D zusammen. Beginnen und beenden Sie die Naht 0,5 cm vom Rand.

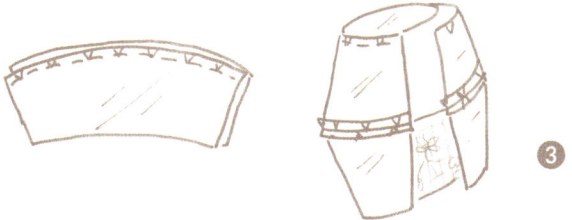

4 Zusammensetzen des Futters der Tasse mit dem Boden

Steppen Sie die Stoffseiten und das Futter rechts auf rechts zusammen. Schlagen Sie das Futter ein und nähen Sie es mit dem Boden D aus Futterstoff von Hand zusammen. Auf rechts wenden.

5 Anfertigen der Nadelkissenkugel

Ziehen Sie den Kräuselfaden durch den Umfang der Scheibe aus Leinen, ziehen Sie ihn zusammen bis Sie eine Kugel erhalten. Mit Füllwatte ausstopfen. Nähen Sie die Basis gut zu und stecken Sie die Kugel in die Tasse.

6 Anfertigen des Henkels und Aufnähen der Zackenlitze

Falten Sie das Rechteck aus Stoff zur Hälfte, rechts auf rechts. Steppen Sie auf drei Seiten und lassen Sie eine Öffnung von 2 cm auf der langen Seite. Wenden Sie die Arbeit und stopfen Sie sie mit Füllwatte aus. Schließen Sie die Öffnung von Hand. Nähen Sie den Henkel auf die seitliche Naht der Tasse. Nähen Sie die Zackenlitze auf die Umrandung der Tasse und der Untertasse.

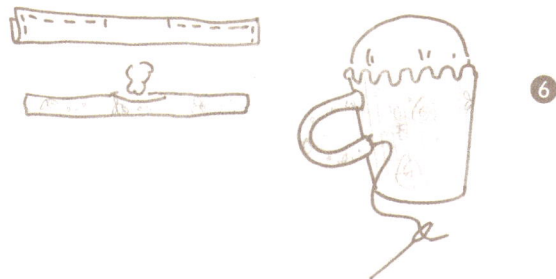

7 Ausarbeitung

Nähen Sie den Boden der Tasse im Blindstich an die Untertasse. Nähen Sie ein kleines Etikett für den Teebeutel.

Material

- 33 x 51 cm dunkelrosafarbener Stoff

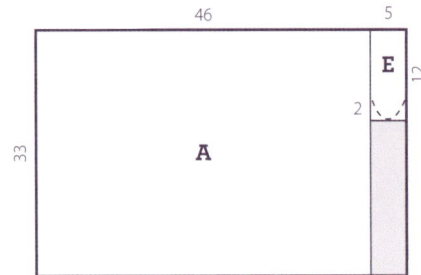

- 41 x 46 cm hellrosafarbener Stoff

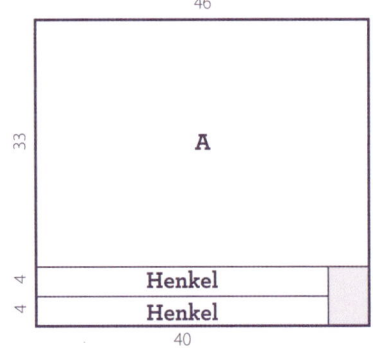

- 33 x 92 cm Futterstoff und Volumenvlies

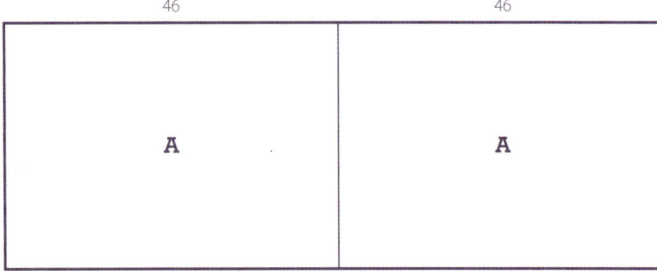

- 18 x 52 cm gestreifter Stoff

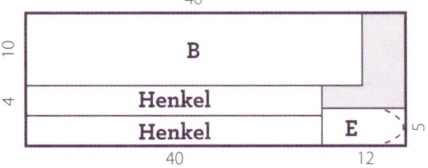

- 21 x 46 cm Stoff mit Vintage Motiven und Futterstoff

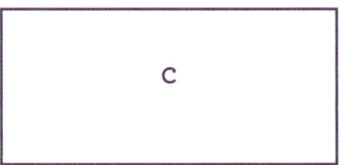

- 18 x 28 cm durchsichtige Plastikfolie

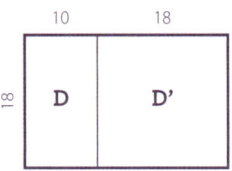

- 50 cm Zackenlitze

- 30 cm Schrägband

- 3 m Paspel

- 40 cm Fantasieband 1 cm breit

- 1 Reißverschluss 50 cm lang

- 1 Druckknopf

- Zum Verzieren: 1 quadratischer Knopf, 1 Fantasieknopf mit Öse und ein Rest Rattenschwanz-Band

- Zum Stoff passendes Garn

1 Vorbereitung der Hauptteile der Tasche

Heften Sie die linke Seite der Außenteile A auf das Volumenvlies.

2 Vorbereitung der Henkel

Setzen Sie die Paspel (siehe Seite 117) auf die beiden langen Seiten jedes Henkels (aus gestreiftem Stoff). Steppen Sie so nahe wie möglich am Wulst. Setzen Sie den Futterstoff, rechts auf rechts, auf die Henkel und steppen Sie in die Naht der Paspel. Wenden Sie die Henkel.

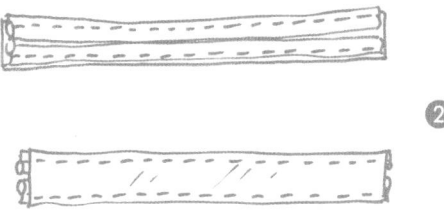

3 Vorbereitung der Lasche

Setzen Sie die Paspel rund um Teil E (aus gestreiftem Stoff) und steppen Sie möglichst nahe am Wulst. Setzen Sie den Futterstoff rechts auf rechts auf die Lasche und steppen Sie in der Naht der Paspel. Wenden Sie die Lasche.

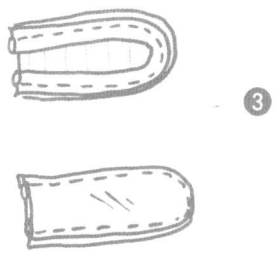

4 Einsetzen der Henkel und der Lasche

Setzen Sie die Henkel rechts auf rechts auf die beiden Seiten der Tasche. Heften Sie sie. Setzen Sie die Lasche links auf links in die Mitte der Taschenvorderseite. Heften Sie sie.

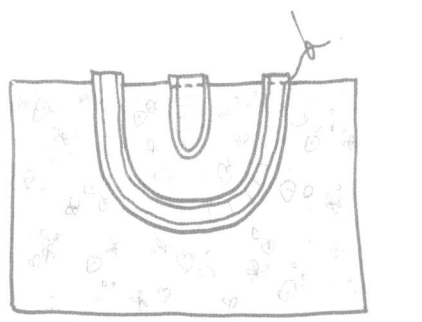

5 Anfertigen der aufgesetzten Taschen

Steppen Sie die Teile B und C (gemusterter Stoff) rechts auf rechts zusammen. Steppen Sie die Zackenlitze an die Stoßkante der Stoffe. Steppen Sie das Schrägband auf die Ränder (siehe Seite 116) der oberen Seiten von D und D'. Setzen Sie die transparenten Taschen links und rechts von der großen Tasche mit dem Rand bündig ein. Steppen Sie sie mit dem Fantasieband auf die beiden inneren Seiten, so dass das Ende am oberen Rand nach innen gefaltet werden kann.

6 Füttern und Einsetzen der Tasche

Setzen Sie das Futter C rechts auf rechts auf den oberen Rand von B. Steppen und wenden Sie die Arbeit links auf links und falten Sie B in der Mitte. Setzen Sie die Tasche auf das Vorderteil A.

7 Umrahmen der Tasche mit der Paspel

Setzen Sie die Paspel auf die Seiten und den unteren Rand des Vorderteils. Nehmen Sie alle Lagen ein. Steppen Sie so nah wie möglich am Wulst.

8 Einsetzen des Reißverschlusses

Steppen Sie den Reißverschluss rechts auf rechts auf den oberen Rand der Vorder- und Rückseite A.

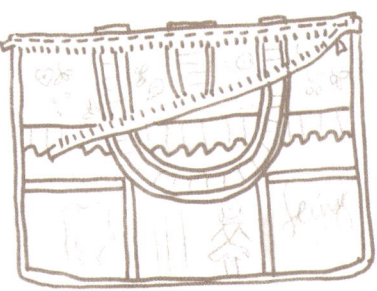

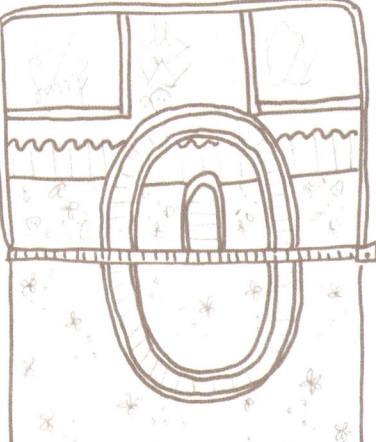

9 Zusammennähen der beiden Seiten

Öffnen Sie den Reißverschluss. Setzen Sie die Vorderseite A rechts auf rechts auf die Rückseite A. Stecken Sie die Lagen zusammen. Steppen Sie die drei Seiten in der Naht der Paspel.

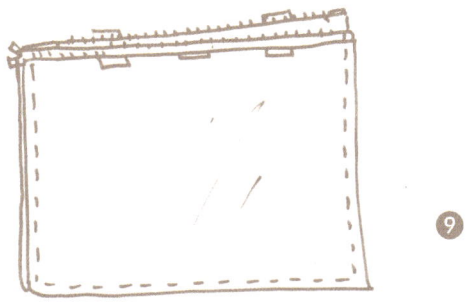

10 Futter der Tascheninnenseite

Setzen Sie die beiden Teile des Futters der Tasche rechts auf rechts zusammen. Steppen Sie sie und lassen dabei die Oberseite offen. Schlagen Sie den Stoff am Rand der Öffnung ein wenig nach innen ein. Stecken Sie die Tasche links auf links in das Futter und bringen Sie die seitlichen Nähte aufeinander. Nähen Sie die Öffnung des Futters von Hand im Blindstich auf den Reißverschluss. Wenden Sie die Arbeit.

11 Ausarbeitung

Nähen Sie eine Druckknopfhälfte unter die Lasche und die zweite Hälfte gegenüber auf die große Tasche. Nähen Sie den quadratischen Knopf auf die Lasche. Ziehen Sie das Satinband in den Schieber des Reißverschlusses, fädeln Sie den Knopf ein und verknoten Sie das Band.

Englischer Charme

Der zeitlosen Schönheit der bedruckten Blumenstoffe kann
man ebenso wenig widerstehen, wie den zarten Farben
der romantischen Vichy Karo Stoffe. Nicht nur routinierte
Strickerinnen finden an dieser Tasche Gefallen, die ästhetisch
und praktisch zugleich ist: Ein raffinierter Druckknopf hält das
Stricknadeletui sicher fest und bewahrt es vor dem Wegrutschen.
Ein süßes Häkelnadeletui und zwei nützliche Wollspender runden
dieses Sortiment ab. Strickbegeisterte an die Nadeln ... aber
zunächst einmal an die Nähnadeln!

Anleitung Stricktasche Seite 102

Anleitung Wollspender Seite 106

Anleitung Häkelnadeletui Seite 108

- 25 x 103 cm dunkelblauer, geblümter Stoff

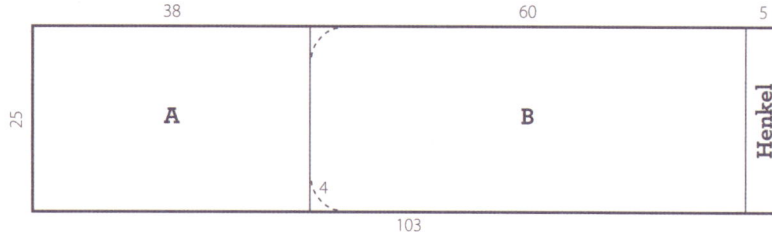

- 10 x 95 cm blauer Vichy Karo Stoff

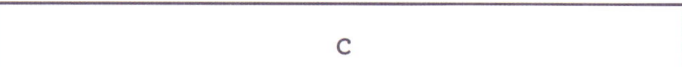

- 35 x 103 cm Futterstoff und Volumenvlies

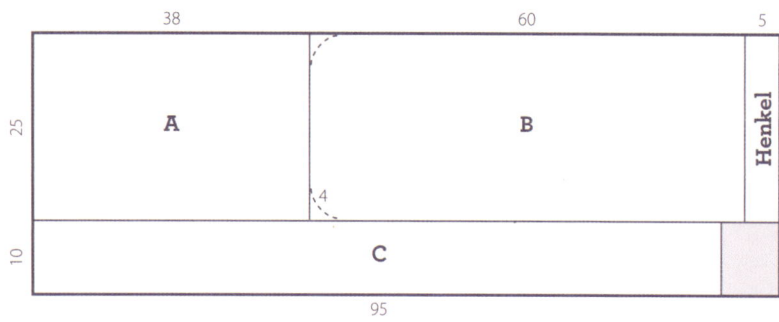

- 3 m blaues, geblümtes Schrägband

- 1 Druckknopf

- Zum Stoff passendes Garn

1 Heften der Rückseite der Tasche

Legen Sie die drei Teile B übereinander, das Volumenvlies auf die beiden Rückseiten der Stoffe (Außenseite und Futter). Runden Sie die oberen Ecken ab. Heften Sie die Teile zusammen.

2 Vorbereitung der Vorderseite der Tasche

Setzen Sie den äußern Stoff von Teil A rechts auf rechts auf den Futterstoff und diesen dann auf das Vlies. Steppen Sie am oberen Rand der Stoffe. Wenden Sie die Arbeit.

3 Vorbereitung des Seitenteils mit Boden

Setzen Sie den äußeren Stoff C, rechts auf rechts, auf den Futterstoff und diesen auf das Vlies. Steppen Sie die kurzen Seiten. Wenden Sie die Arbeit.

4 Zusammensetzen der Vorderseite und des Seitenteils

Ausgehend von einer der langen Seiten von Teil A stecken Sie Teil A und C, Futter auf Futter, zusammen, um die Seiten und den Boden der Tasche zu bilden. Schneiden Sie den Streifen ein, damit er sich gut um die Ecken legen lässt. Heften Sie alle Lagen.

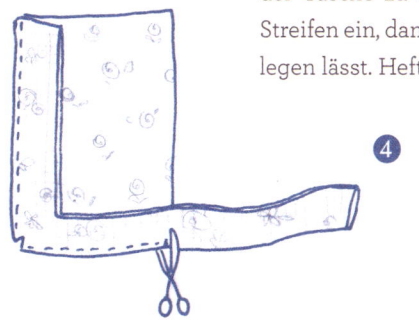

5 Zusammensetzen der Rückseite und des Seitenteils

Setzen Sie dann den Streifen C auf das Teil B ebenso wie bei Teil A. Wiederholen Sie die Arbeitsschritte.

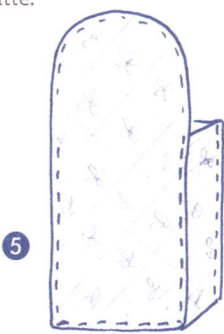

6 Fertigen der Lasche

Schneiden Sie 6 cm Schrägband, falten Sie es mit dem Falz nach innen der Länge nach zur Hälfte. Setzen Sie die Lasche auf die Mitte der Patte, die offene Seite zum Rand.

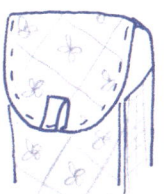

7 Anfertigen der Schlaufen

Schneiden Sie zwei Mal 14 cm Schrägband und falten es. Übersteppen Sie die offene Seite der Länge nach, um das Schrägband zu schließen. Stecken und steppen Sie es waagrecht auf die beiden Seitennähte der Tasche, das erste Schrägband 5 cm vom oberen und das zweite 5 cm vom unteren Rand.

8 Einfassen der Tasche mit Schrägband

Setzen Sie das offene Schrägband rechts auf rechts auf die vordere und hintere Seite der Tasche und steppen es fest. Achten Sie darauf, die Lasche in der Mitte des Umschlags einzunehmen. Schlagen Sie das Schrägband um und übersteppen Sie es (siehe Seite 116).

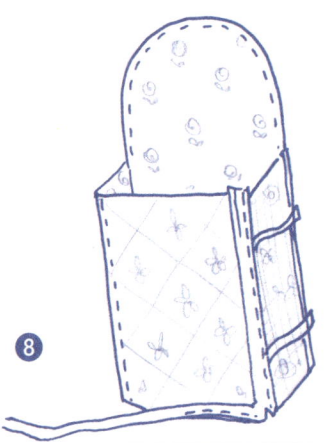

9 Fertigen und Einsetzen der Henkel

Setzen Sie das äußere Stoffteil rechts auf rechts auf den Futterstoff und diesen auf das Vlies. Steppen Sie alle Lagen und alle Seiten, lassen Sie eine Öffnung von 5 cm auf einer langen Seite. Wenden Sie die Arbeit. Übersteppen Sie rundum 0,2 cm vom Rand. Setzen Sie den Henkel 15 cm vom abgerundeten Umschlagende, 5 cm von beiden Seiten entfernt. Steppen Sie sie ihn kreuzweise fest.

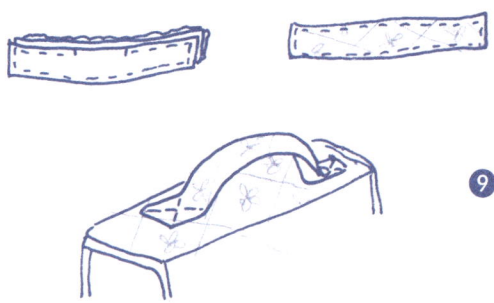

10 Ausarbeitung

Nähen Sie die eine Druckknopfhälfte auf die Lasche und die andere Hälfte gegenüber auf die Tasche.

Tipp

Lassen Sie die Schlaufen weg, wenn Sie das Etui nicht an der Tasche befestigen wollen.

- 10 x 80 cm blauer Vichy Karo Stoff, Futterstoff und Volumenvlies

80
10
3

- 1 m Schrägband

- 2 Druckknöpfe

- Zum Stoff passendes Garn

1 Vorbereitung der Teile

Setzen Sie den Futterstoff rechts auf rechts auf den Außenstoff und diesen auf das Vlies. Runden Sie die oberen Ecken des Rechtecks ab. Steppen Sie den unteren Rand ab. Wenden Sie die Arbeit.

2 Heften des Etuis

Falten Sie den Streifen zur Hälfte und lassen Sie den abgerundeten Teil 13 cm überstehen, um einen Umschlag zu formen. Heften Sie alle Lagen.

3 Ausarbeitung

Setzen Sie das Schrägband rechts auf rechts, rund um das Etui und steppen Sie es fest. Schlagen Sie das Schrägband ein und übersteppen Sie es (siehe Seite 116). Nähen Sie eine Druckknopfhälfte auf die Innenseite des Umschlags die andere Hälfte gegenüber, auf die Vorderseite des Etuis.

4 Befestigen des Etuis an der Stricktasche

Um das Etui auf der Stricktasche zu befestigen, nähen Sie eine Hälfte des Druckknopfes auf die untere Rückseite des Etuis und die andere Hälfte auf die rechte Seite der Tasche unter die untere Schlaufe. Ziehen Sie das Etui durch die Schlaufe und befestigen Sie es mit dem Druckknopf!

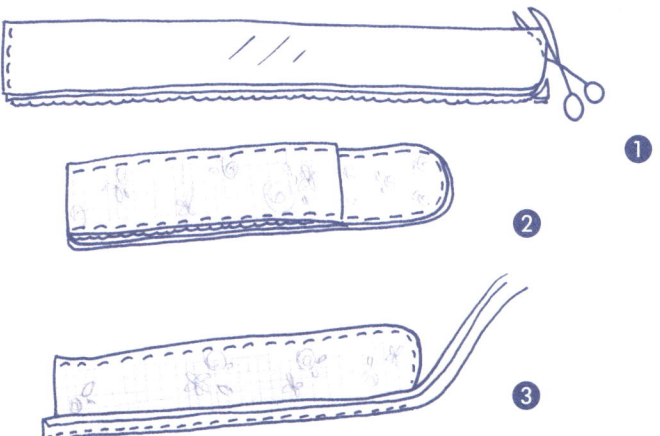

Material ✂

GROSSES MODELL

Siehe Schnitt Seite 126

- 26 x 55 cm weißer und blauer, geblümter Stoff, Futterstoff und aufbügelbares Vlies

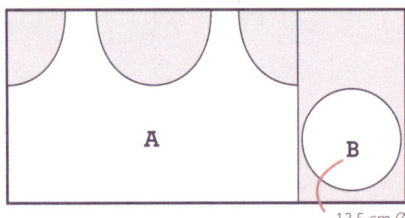

13,5 cm Ø

- 1,50 m Schrägband

- 1 Öse mit einem Durchmesser von 1,5 cm und Einsetzwerkzeug

- Zum Stoff passendes Garn

KLEINES MODELL

Siehe Schnitt Seite 127

- 23,5 x 45 cm blauer Vichy Karo Stoff, Futterstoff und aufbügelbares Vlies

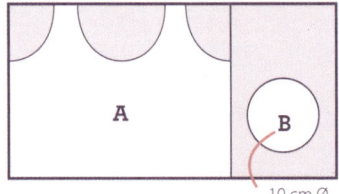

10 cm Ø

- 1,40 m Schrägband

- 1 Öse mit einem Durchmesser von 1,5 cm und Einsetzwerkzeug

- Zum Stoff passendes Garn

1 Vorbereitung der aufzubügelnden Teile und Einsetzen der Öse

Bügeln Sie das Vlies auf die linke Seite des Futters der Außenteile auf. Setzen Sie den Futterstoff B links auf links auf den Außenstoff mit dem Bügelvlies. Bohren Sie in die Mitte von Teil B ein Loch für die Öse.

2 Einsetzen der Paspel und Zusammenfügen

Setzen Sie die Paspel auf den unteren Rand von Teil A auf die Außenseite des Stoffs, rechts auf rechts (siehe Seite 117). Schneiden Sie die Nahtzugabe ein. Setzen Sie es mit Teil B rechts auf rechts zusammen. Steppen Sie möglichst nah am Wulst der Paspel, beginnen und beenden Sie 0,5 cm vom Rand. Schließen Sie die seitliche Naht und öffnen Sie die Nahtzugabe mit dem Bügeleisen.

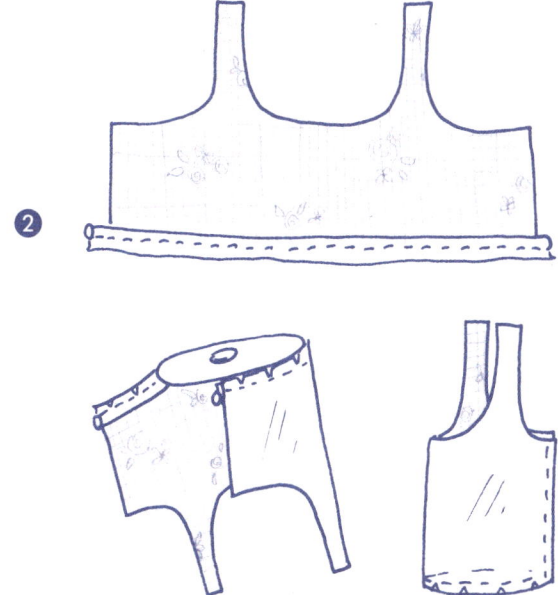

3 Einsetzen des Futters

Schließen Sie die Seitennaht auf der Seite A des Futters. Stülpen Sie die zuvor zusammengesetzte Arbeit in das Futter, rechts auf rechts. Steppen Sie sie mit dem Boden zusammen. Stechen Sie dabei in die vorhergehende Naht. Wenden Sie die Arbeit.

4 Ausarbeitung

Setzen Sie die Nähte aller Stoffe rechts auf rechts zusammen. Setzen Sie das Schrägband auf den Rand (siehe Seite 116) rund um die Öffnung auf beiden Seiten des Henkels. Verknoten Sie das restliche Schrägband und nähen Sie es auf die Vorderseite des Henkels.

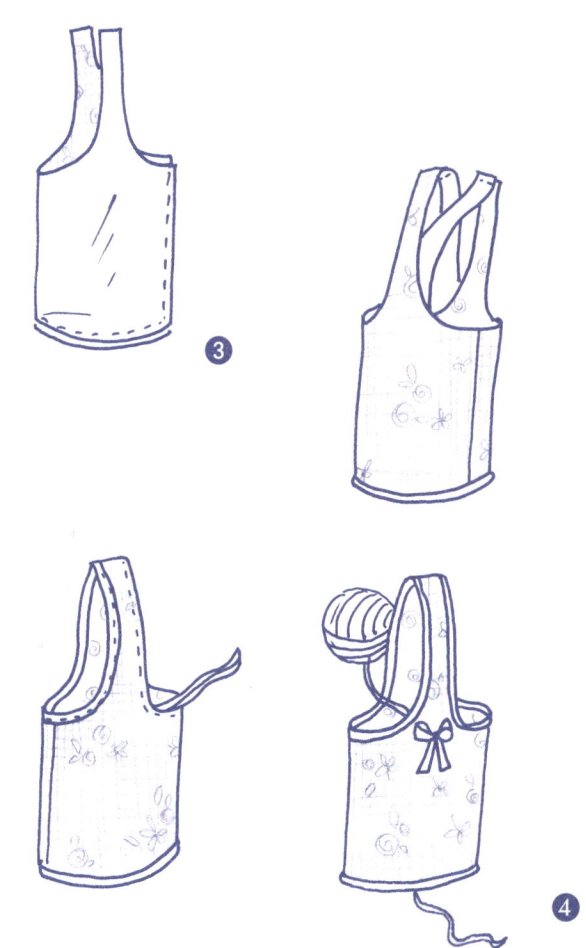

Material

- 10 x 15 cm blauer Vichy Karo Stoff

A

- 17 x 23 cm rosafarbener Vichy Karo
  Stoff und rosafarbener Futterstoff

B

- 7 x 15 cm weiß-blaugeblümter Stoff

Umschlag

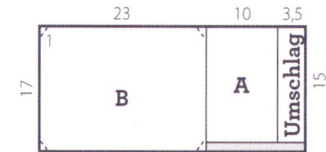

- 36,5 x 17 cm Filz

- 1,10 m Paspel, passend zum
  weiß-blaugeblümten Stoff

- Schrägbandrest passend zum
  weiß-blaugeblümten Stoff

- 1 Knopf

- Zum Stoff passendes Garn

1 Vorbereitung der Tasche

Setzen Sie den Stoff A links auf den Filz. Runden Sie die untere linke
Ecke ab. Setzen Sie das Schrägband auf den oberen Rand (siehe
Seite 116) und steppen Sie es fest.

2 Vorbereitung der wichtigsten Teile
und Einsetzen der Paspel

Runden Sie die vier Ecken von Stoff B (Innen- und Außenseite) und
dem Filz ab. Setzen Sie den Außenstoff von Teil B auf den Filz. Heften oder steppen Sie mit langen Stichen die beiden Lagen. Setzen
Sie die Paspel rundum auf das Teil (siehe Seite 117), rechts auf rechts.
Beginnen Sie dabei in der Mitte der kurzen linken Seite, ohne die
Enden der Paspel übereinander zu legen. Schneiden Sie den Stoff
und die Paspel in den Rundungen ein. Steppen Sie nahe am Wulst.

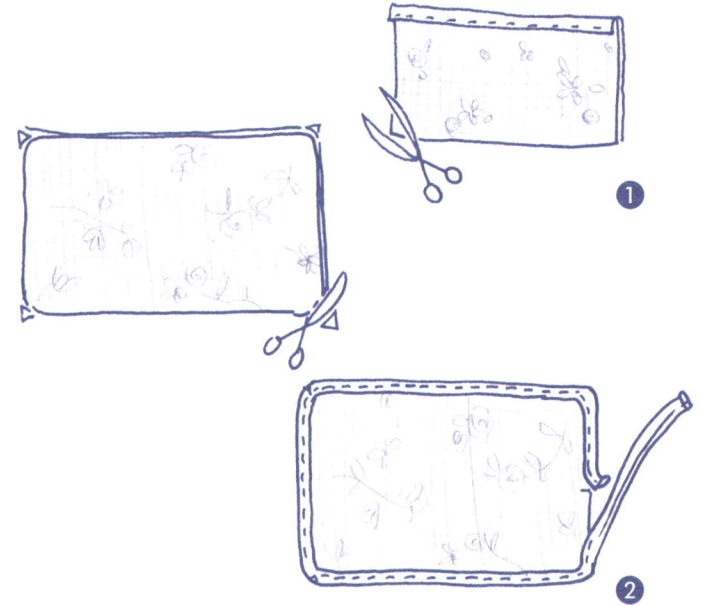

3 Einsetzen der Tasche

Setzen Sie die Tasche rechts auf rechts entlang des Umschlags auf Teil B aus Innenstoff, entlang des Umschlags, 14,5 cm vom linken Rand. Steppen Sie 0,5 cm vom Rand.

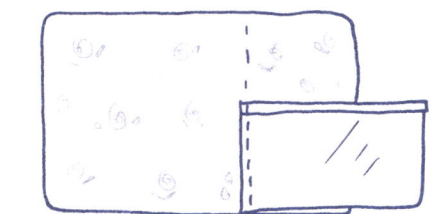

4 Einstich und Unterteilung der Tasche

Wenden und übersteppen Sie 0,5 cm vom linken Rand und dann alle 2,5 cm auf der Höhe der Tasche, um die Unterteilungen zu bilden.

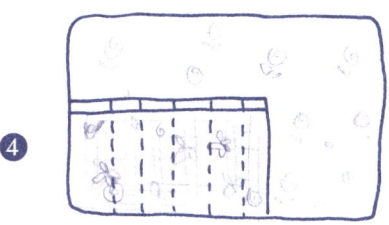

5 Einsetzen der inneren Patte

Falten Sie den Stoff der inneren Patte rechts auf rechts und setzen Sie sie auf den Filz. Steppen Sie die beiden kurzen Seiten. Wenden Sie die Arbeit. Übersteppen Sie die drei geschlossenen Seiten. Setzen Sie die Patte 0,5 cm vom linken Rand oben auf das Etui über die Unterteilungen.

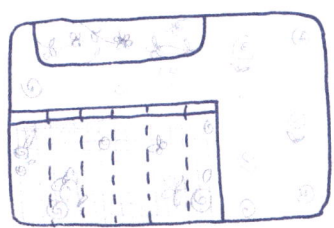

6 Einsetzen der Schlaufe

Schließen Sie eine Seite eines 6 cm langen Schrägbands und übersteppen Sie es. Formen Sie daraus eine Schlaufe und setzen Sie diese rechts auf rechts auf die rechte Seite des Außenstoffs, mittig, die Schlaufe nach innen.

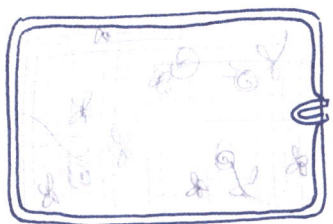

7 Zusammensetzen und Ausarbeitung

Setzen Sie den äußeren Stoff rechts auf rechts auf die Innenseite des Etuis. Steppen Sie rundum möglichst nah am Wulst der Paspel, lassen Sie dabei eine Öffnung von 5 cm. Wenden Sie die Arbeit und schließen Sie die Öffnung von Hand. Nähen Sie den Knopf der Lasche gegenüber an.

Nähtechniken und Tipps

Das aufbügelbare Vlies

Es wird verwendet, um einem Stoff mehr Halt zu verleihen, es ist empfehlenswert ein möglichst dickes Vlies zu wählen. Das Vlies wird mit dem Bügeleisen ohne Dampf aufgebracht. Achten Sie darauf, die klebende Seite des Vlieses auf die linke Seite des Stoffs zu bringen.

Volumenvlies, Filz und Füllwatte

Die Wahl des Materials hängt von dem gewünschten Effekt ab. Mit Volumenvlies bekommen Sie ein weiches, leichtes Ergebnis. Er eignet sich für große Arbeiten besonders gut. Qualitativ hochwertiger Filz ist waschbar und verleiht der Arbeit Halt. Er eignet sich zum Füttern von Etuis oder kleineren Taschen und wird zwischen den Stoff und das Futter eingearbeitet. Die Füllwatte dient zum Ausstopfen. Wählen Sie eine synthetische, leicht waschbare Watte.

Die wichtigsten Materialien

Die Stoffe

Für die Arbeiten in diesem Buch braucht es nicht viel Stoff. Sie wirken durch die Verbindung von Patchwork- und Baumwollstoffen, Leinen oder Samt, die ihnen den ganzen Charme verleihen.

Die Materialliste vor jeder Anleitung gibt die Menge des benötigten Stoffs und die Art des Zuschnitts an. Die Farben und die Muster werden zur Orientierung angegeben, um die einzelnen Elemente in den Erklärungen und auf den Fotos besser unterscheiden zu können. Kreieren Sie Ihre eigene Kollektion entsprechend Ihren Vorlieben und bevorzugten Farben, die Lust des Augenblicks... und wer weiß? Vielleicht werden Sie es wagen, diesen kleinen Gutschein, den Sie seit Jahren sorgfältig aufbewahren, einzulösen!

Nahtzugabe

Falls nichts Gegenteiliges angegeben, ist bei allen Maßangaben in den Anleitungen und den Schnitten eine Nahtzugabe von 0,5 cm vorgesehen

Die Arten des Zusammennähens

Einfache Naht

Außer bei wenigen Ausnahmen sind Nähte regelmäßiger und solider, wenn Sie mit der Maschine genäht werden. In den Anleitungen wird immer angegeben, wie die Stoffe zusammengenäht werden sollen: rechts auf recht, rechts auf links... Falls nichts angegeben ist, bedeutet das, dass die Stoffe bündig aufeinander gelegt werden und 0,5 cm vom Rand abgesteppt werden.

Das Versäubern

Um bestimmte Stoffe zusammenzunähen, kann es von Vorteil sein, die beiden Lagen im nicht zu engen Zickzackstich zu versäubern, insbesondere, wenn man den Stoff mit Plastikfolie oder mit Filz unterfüttert.

Eine übersteppte Naht

Eine übersteppte Naht ist auf der Außenseite der Arbeit sichtbar. Man verwendet Sie um die Nähte dekorativ zu betonen. Setzen Sie zunächst die Teile links zusammen und öffnen nach jeder Naht die Nahtzugabe mit dem Bügeleisen auf der Rückseite der Arbeit. Übersteppen Sie auf rechts 0,2 cm neben der Naht.

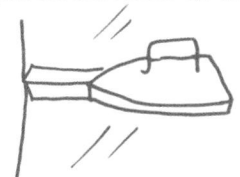 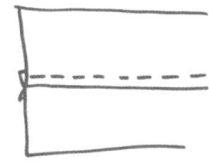

Die französische Naht

Mit dieser Technik erhalten Sie einen hübschen Abschluss auf der rechten und linken Seite der Arbeit, ideal für eine ungefütterte Arbeit oder wenn Sie einen durchsichtigen Stoff verwenden. Bei mittleren bis dicken Stoffen gibt sie dem Nähgut Halt. Zunächst wird auf der Außen- und dann auf der Innenseite des Stoffs genäht. Sehen Sie beim Zuschneiden eine entsprechende, zusätzliche Nahtzugabe vor.

1 Stecken Sie den Stoff links auf links bündig aufeinander. Steppen Sie 0,5 cm vom Rand. Kürzen Sie die Nahtzugabe auf 0,3 mm zurück. Bügeln Sie die Naht flach.

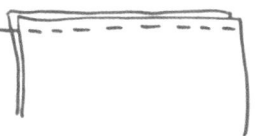 

2 Wenden Sie Ihre Arbeit auf links. Stecken Sie die Teile rechts auf rechts zusammen und stechen Sie 0,5 mm vom Rand ein. Achten Sie darauf, dass die Nahtzugabe der ersten Naht nicht hervor schaut. Anschließend bügeln.

Die Reißverschlüsse

Einsetzen mit abgesteppter Naht

Diese Technik eignet sich besonders für Etuis oder Taschen ohne Futter. Verwenden Sie einen Reißverschluss, der 2 cm länger als die Öffnung ist.

1 Falten Sie die Nahtzugabe auf beiden Seiten der Arbeit nach innen. Setzen Sie den geschlossenen Reißverschluss unter die Arbeit, legen Sie die Stoffränder dabei genau gegenüber. Heften Sie vor dem Nähen.

2 Setzen Sie den Reißverschlussfuß auf der richtigen Seite der Maschine ein, damit er nicht an den Reißverschluss anstößt. Steppen Sie eine Seite 0,5 cm vom Rand. Beginnen Sie am unteren Ende des Reißverschlusses und nähen Sie nach oben. Sichern Sie Anfang und Ende der Naht mit einem Rückstich. Wenn der Schieber beim Nähen stört, heben Sie den Nähfuß und ziehen Sie den Schieber einige Zentimeter nach unten. Steppen Sie die andere Seite des Reißverschlusses ebenso. Entfernen Sie den Heftfaden.

Einsetzen ohne Steppnaht

Mit dieser Nähtechnik ist der Reißverschluss kaum sichtbar. Sie ist vor allem bei unterfütterten Arbeiten unverzichtbar.

1 Stecken oder heften Sie eine Seite des Reißverschlusses rechts auf rechts, bringen Sie dabei die Ränder zusammen.

2 Setzen Sie den Reißverschlussfuß auf der richtigen Seite in Ihre Maschine ein, damit er nicht an den Reißverschluss anstößt. Steppen Sie 0,2 mm neben dem Rand des Reißverschlusses. Sichern Sie Anfang und Ende der Naht mit einem Rückstich. Falls der Schieber beim Nähen stört, heben Sie den Nähfuß und ziehen den Schieber einige Zentimeter nach unten.

3 Stecken oder heften Sie die andere Seite des Reißverschlusses rechts auf rechts auf den Stoff, bringen Sie dabei die Kanten zusammen. Nähen Sie diese Seite wie die erste, achten Sie darauf, die Stoffe genau zusammenzufügen. Entfernen Sie den Heftfaden.

Knöpfe und Anhänger

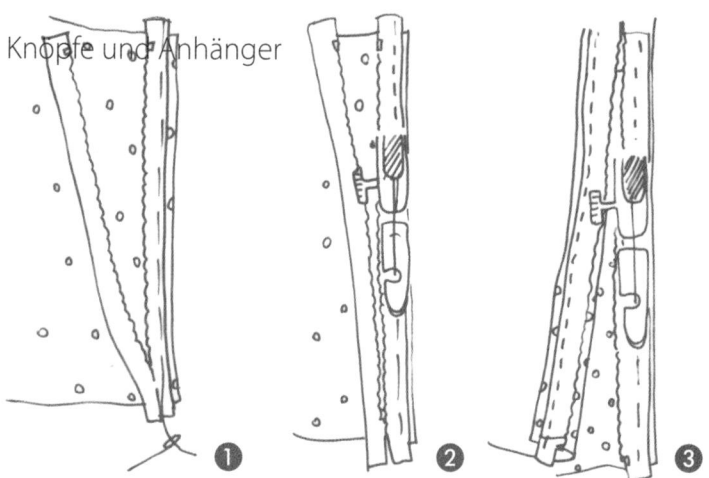

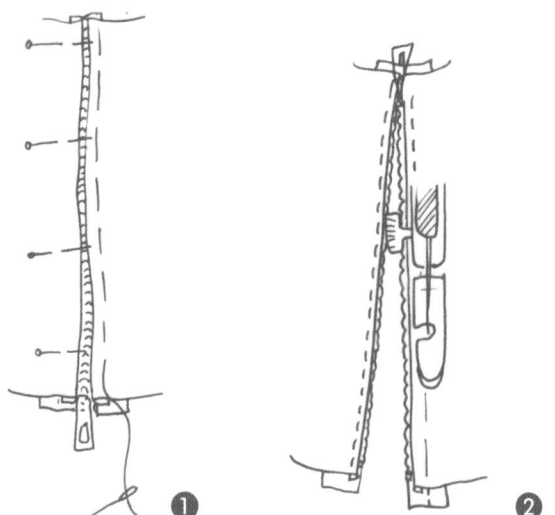

Für einen hübschen Abschluss, kann man eine Perle oder einen Knopf an einer Schnur, einem Bindeband oder am Schieber des Reißverschlusses befestigen.

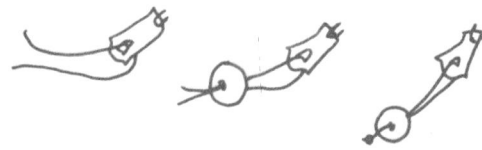

Kräuseln

Ganz gleich, ob man von Hand oder mit der Maschine kräuselt, die Methode ist immer dieselbe. Zeichnen Sie eine Linie 1,5 cm vom Rand des Stoffes, dann noch eine zweite Linie 1 cm unter der ersten.

Mit der Maschine kräuseln

1 Wählen Sie den breitesten Stich an Ihrer Nähmaschine und steppen Sie an jeder dieser Linien entlang.

2 Ziehen Sie gleichmäßig am Faden und verteilen Sie die Rüschen auf der gewünschten Länge. Knoten Sie auf beiden Seiten die offenen Enden der Fäden zusammen, um die Rüschen zu sichern.

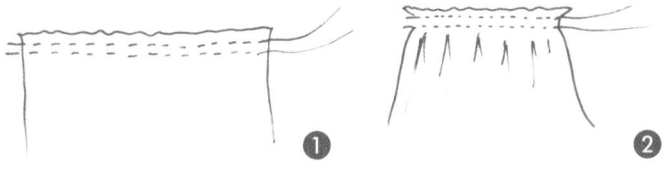

Von Hand

1 Fädeln Sie eine lange Nadel mit einem stabilen Faden ein, der so lang ist, dass er die Breite des zu kräuselnden Stoffs abdeckt. Verknoten Sie das Ende des Fadens. Nähen Sie im Vorstich in regelmäßigen Stichen auf der ersten Linie. Verfahren Sie ebenso bei der zweiten Linie.

2 Ziehen Sie gleichmäßig am Faden und verteilen so die Rüschen auf der gewünschten Länge. Verknoten Sie die freien Enden der Fäden, um die Rüschen zu sichern.

Einen Tunnelzug nähen

Der Tunnelzug ermöglicht eine Tasche mit einem Bindeband oder einer Kordel zu schließen oder auch das Einziehen eines Gummis.

1 Schlagen Sie am oberen Teil Ihrer Arbeit, auf der Höhe der Öffnung den Stoff zwei Mal

in angegebenen Breite um. Stecken Sie den Umschlag fest. Steppen Sie den Umschlag mit der Maschine fest oder befestigen Sie ihn im Blindstich von Hand.

2 Befestigen Sie eine Sicherheitsnadel am Ende der Kordel oder des Gummibandes und ziehen Sie sie in die Öffnung. Sichern Sie dabei das andere Ende, damit es nicht im Tunnelzug verschwindet. Verwenden Sie einen Gummi, steppen Sie die beiden Enden zusammen und schließen Sie die Öffnung des Tunnelzugs. Verwenden Sie eine Kordel sichern Sie die Enden mit jeweils einem Knoten.

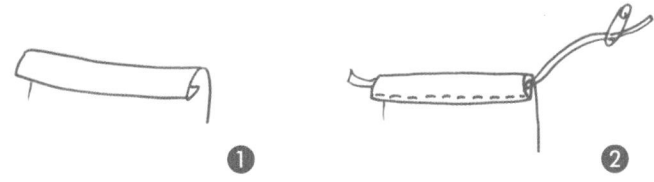

Das Schrägband

Wie der Name schon sagt, ist das Schrägband ein Streifen, der in der Diagonalen des Stoffs geschnitten wird. Aufgrund seiner Elastizität eignet er sich hervorragend zum Einfassen von Rundungen und garantiert so einen hübschen Abschluss. Im Handel finden Sie bereits vorgefalztes Schrägband. Mit nachstehender Anleitung können Sie das Schrägband passend zu Ihrer Näharbeit selbst anfertigen.

Ein Schrägband anfertigen

1 Falten Sie Ihren Stoff, indem Sie die Webkante auf die Schnittkante legen. Sie erhalten ein Dreieck. Schneiden Sie den Falz entlang. Zeichnen Sie mit einem Lineal 3 cm breite Streifen (oder breiter, falls nötig).

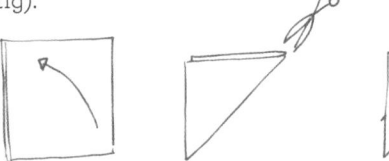

2 Falls Sie ein längeres Schrägband anfertigen wollen, setzen Sie die beiden Enden rechts auf rechts im Fadenlauf zusammen und steppen Sie sie auf 0,5 cm. Öffnen Sie die Nähte mit dem Bügeleisen.

3 Um das Schrägband einfacher an der Arbeit anzubringen, können Sie dieses mit dem Bügeleisen vorfalten. Schlagen Sie die beiden Seiten um 0,5 cm zur Mitte ein und bügeln Sie das Band auf der ganzen Länge.

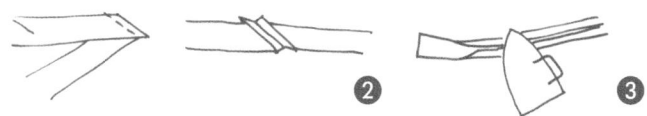

Einen Rand mit dem Schrägband einfassen

1 Schlagen Sie das Ende des Schrägbandes um 0,5 cm nach innen um. Setzen Sie das geöffnete Schrägband, rechts auf rechts, auf den Stoffrand. Stecken oder heften Sie im Falz. Steppen Sie es fest. Wenn Ihr Schrägband keinen Falz hat steppen Sie 0,5 cm vom Rand entfernt.

2 Wenn Sie ein Schrägband um einen Kreis setzen wollen, legen Sie das eine Ende auf das andere und schlagen Sie es vor dem Steppen um.

3 Schlagen Sie das Schrägband auf die Rückseite des Stoffs um. Steppen Sie es mit der Maschine ab oder, falls Sie eine unsichtbare Naht wünschen, nähen Sie es von Hand in kleinen Blindstichen an.

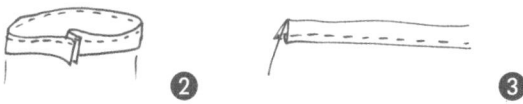

Ein Schrägband auf Rundungen setzen

1 Falten Sie das Schrägband auseinander. Setzen Sie es rechts auf rechts auf den Stoff. Stecken oder heften Sie es fest. Schneiden Sie das Schrägband an der Rundung ein und legen Sie es um die Kurve. Steppen Sie in den Falz des Schrägbands.

2 Falten Sie zunächst eine Seite des Schrägbands auf die Rückseite des Stoffs, dann die andere. Steppen Sie es mit der Maschine oder von Hand im Blindstich fest.

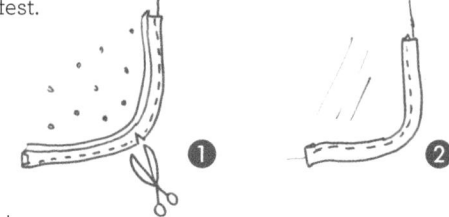

Ein Schrägband in Ecken setzen

1 Nähen Sie das Schrägband rechts auf rechts auf den Stoffrand bis 0,5 cm vor der Ecke, sichern Sie mit Rückstich.

2 Falten Sie die Ecke zum Stoffrand und steppen Sie die Ecke. Steppen Sie in die Naht des Schrägbands und orientieren Sie sich an der zweiten Seite des Stoffs.

3 Wenden Sie die Arbeit und setzen Sie das Schrägband auf den Rand, arbeiten Sie die Ecke ein. Steppen Sie es mit der Maschine fest oder nähen Sie es von Hand an.

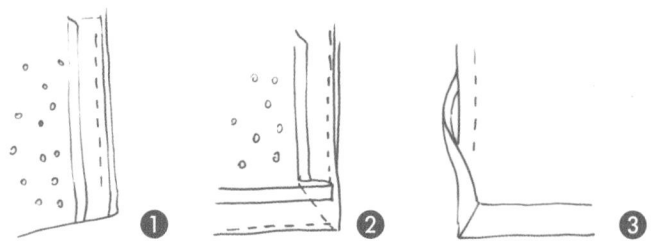

Das Schrägband zur Zierde

Falten Sie das Schrägband auseinander. Schlagen Sie die beiden Enden auf 0,5 cm nach innen ein. Falten Sie das Schrägband und steppen Sie entlang der Öffnung des Schrägbandes 0,2 cm vom Rand. Wenn die Enden des Schrägbands in einer Naht eingenommen werden, ist es nicht nötig es erneut zu falten.

Die Paspeln

Eine Paspel ist ein Einfassband bestehend aus Schrägband und einer Kordel. Sie wird in der Regel zum Einfassen von Kissen oder Sofas verwendet. Fertige Paspeln sind im Handel erhältlich, jedoch können Sie eine Paspel auch selbst anfertigen, damit Sie genau zu Ihrer Arbeit passt.

Eine Paspel anfertigen

1 Schneiden Sie einen schrägen Streifen aus dem gewünschten Stoff (siehe oben, Ein Schrägband anfertigen), fügen Sie zur Breite des Schrägbands den Durchmesser der Kordel hinzu. Setzen Sie die Kordel in die Mitte des Schrägbands und falten Sie dieses darüber.

2 Setzen Sie den Reißverschlussfuß in Ihre Nähmaschine ein. Stecken Sie den Rand der Paspel fest und steppen Sie nahe an der Kordel entlang, um diese zu festigen.

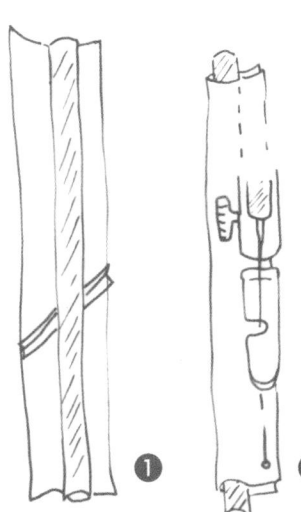

Eine Paspel einsetzen

1 Stecken Sie die Paspel mit der flachen Seite zum Rand rechts auf den Stoff. Steppen Sie entlang der Kordel. Möchten Sie um die Ecke nähen, ist es empfehlenswert, den Stoff vor dem Zusammensetzen einzuschneiden.

2 Legen Sie das zweite Stoffteil rechts auf rechts darüber. Steppen Sie auf der vorhergehenden Naht.

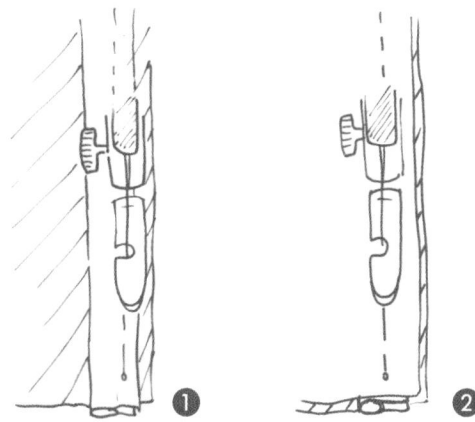

Die Rosetten

Schneiden Sie einen schrägen Stoffstreifen (wird gefalzt verwendet) oder ein Band. Setzen Sie die Enden zusammen. Setzen Sie eine senkrechte Steppung in die Mitte durch die beiden Lagen des Rings. Schneiden Sie einen kleinen schrägen Streifen oder ein Band und winden Sie es um den Ring, um die Steppung zu verstecken. Sichern Sie die Rosette mit ein paar Stichen auf der Rückseite, bevor Sie sie an Ihrer Arbeit befestigen. Sie können die Anzahl der Schlingen auch verdoppeln.

Die Schnittmuster

Scherenetui
Seite 28

B

A

Nadelkissenglas
Seite 30

Armnadelkissen
Seite 60

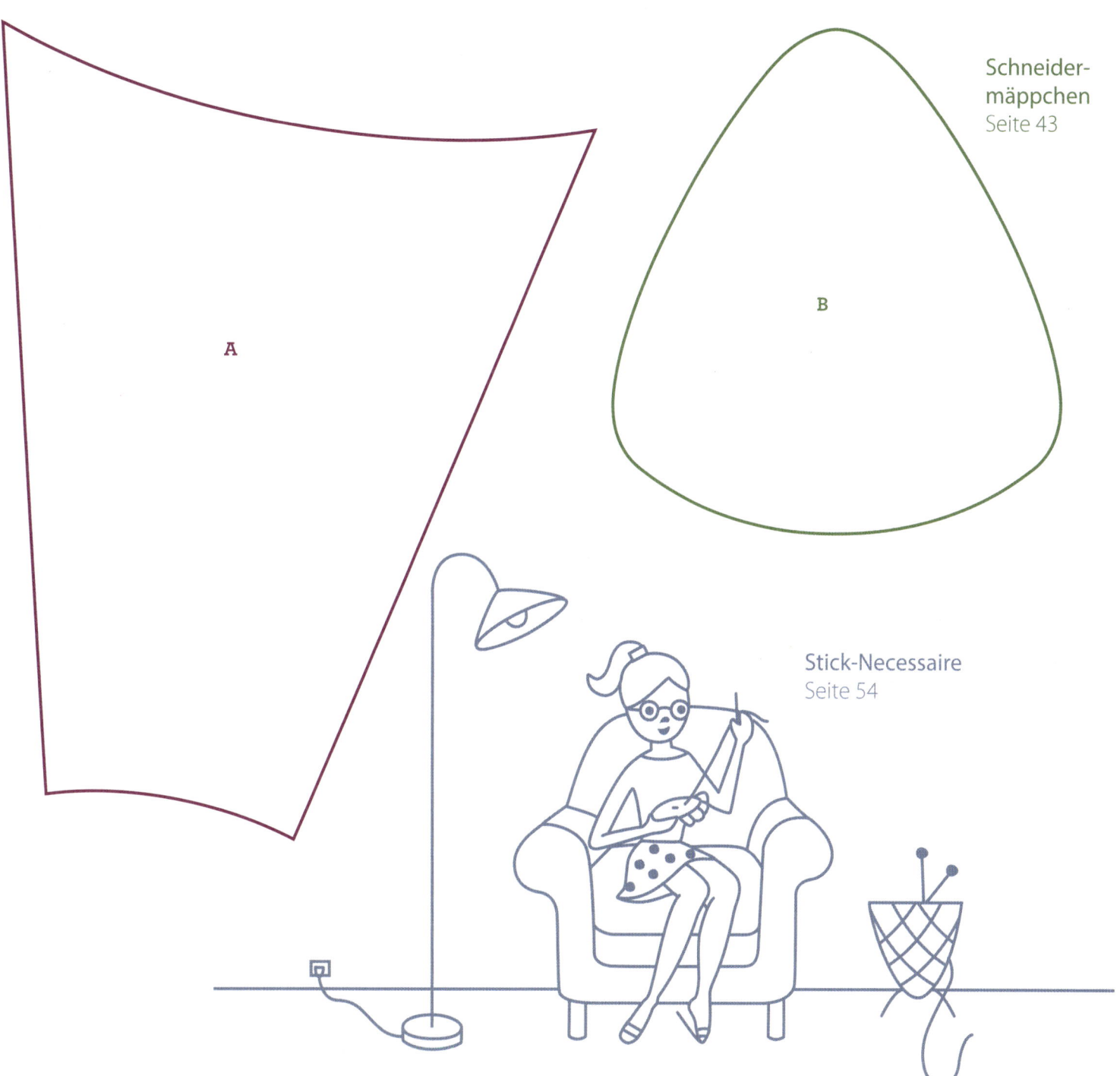

A

B

Schneider-
mäppchen
Seite 43

Stick-Necessaire
Seite 54

Sticken Sie mit Mouliné Garn die Haut und die Brille im Rückstich. Sticken Sie die Umrandungen mit zwei Fäden im Stilstich. Füllen Sie die Flächen mit zwei Fäden im Plattstich aus, und sticken Sie den Rock, die Augen und die Enden der Stricknadeln im Knötchenstich.

Halbschürze mit vielen Taschen
Seite 58

In diesem Schnittmuster ist die halbe Form
angegeben. Übertragen Sie es auf den gefalteten
Stoff und legen Sie die gestrichelte Linie an den
Stofffalz.

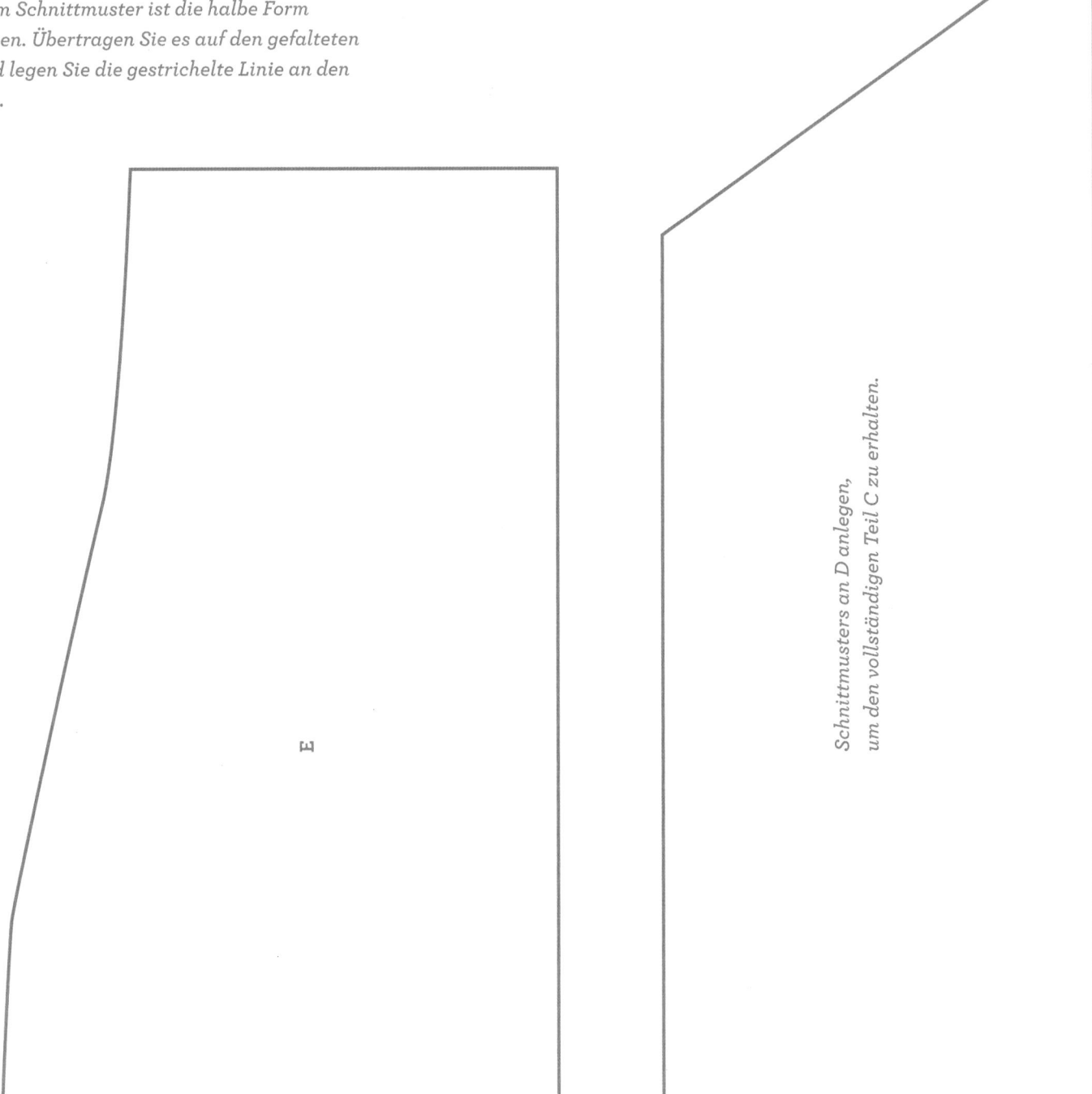

E

Schnittmusters an D anlegen,
um den vollständigen Teil C zu erhalten.

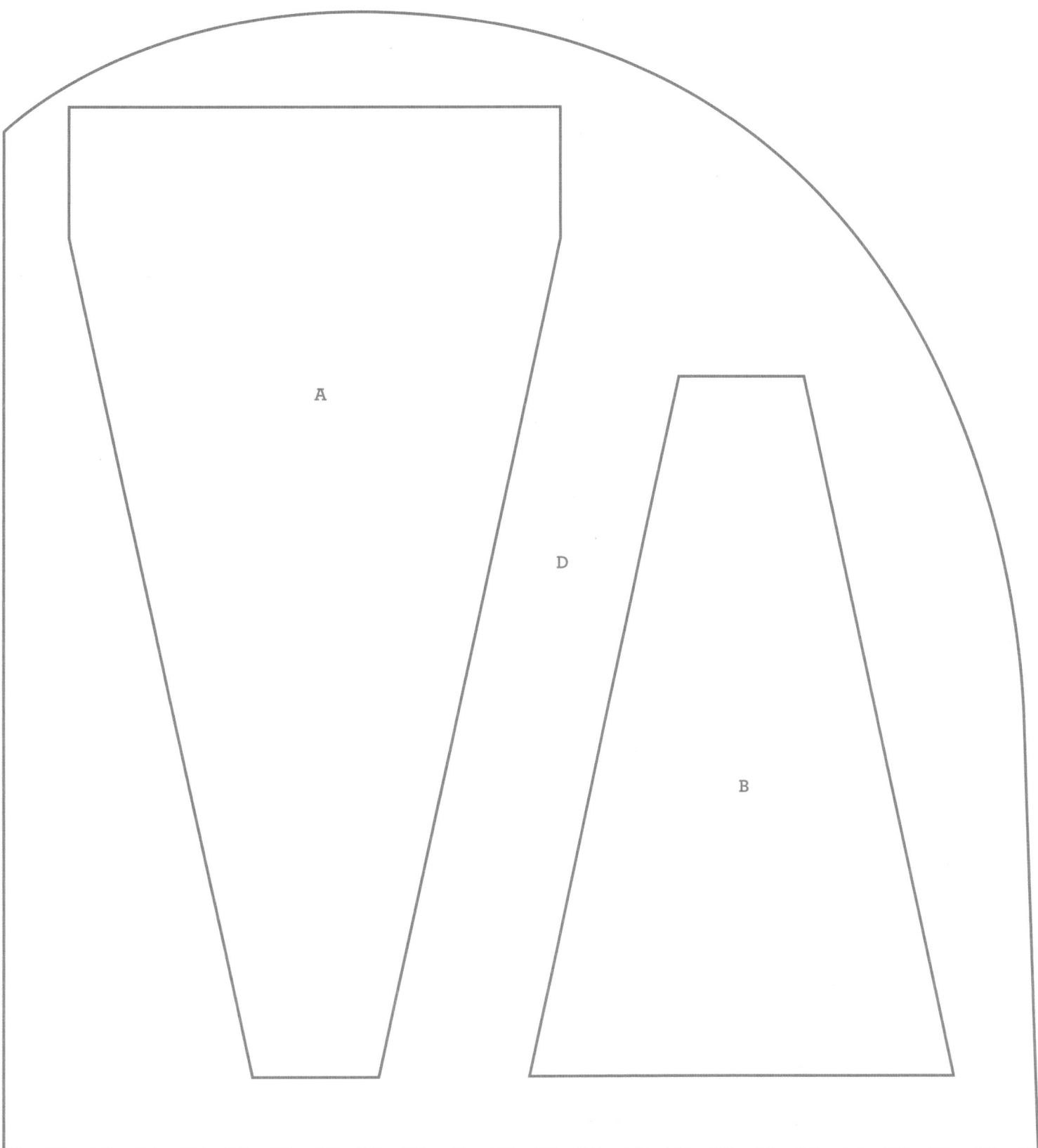

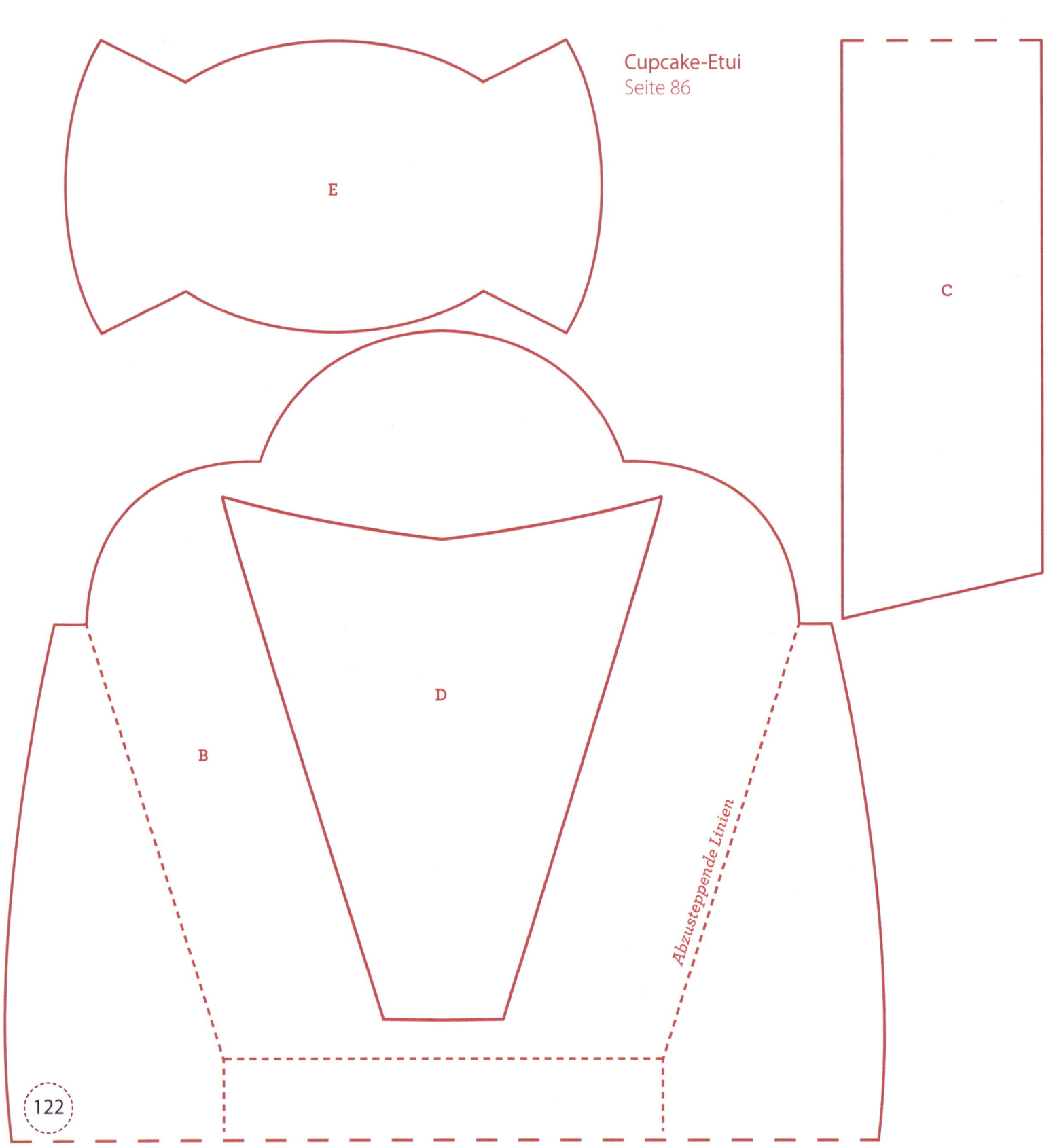

Cupcake-Etui
Seite 86

E

C

B

D

Abzusteppende Linien

122

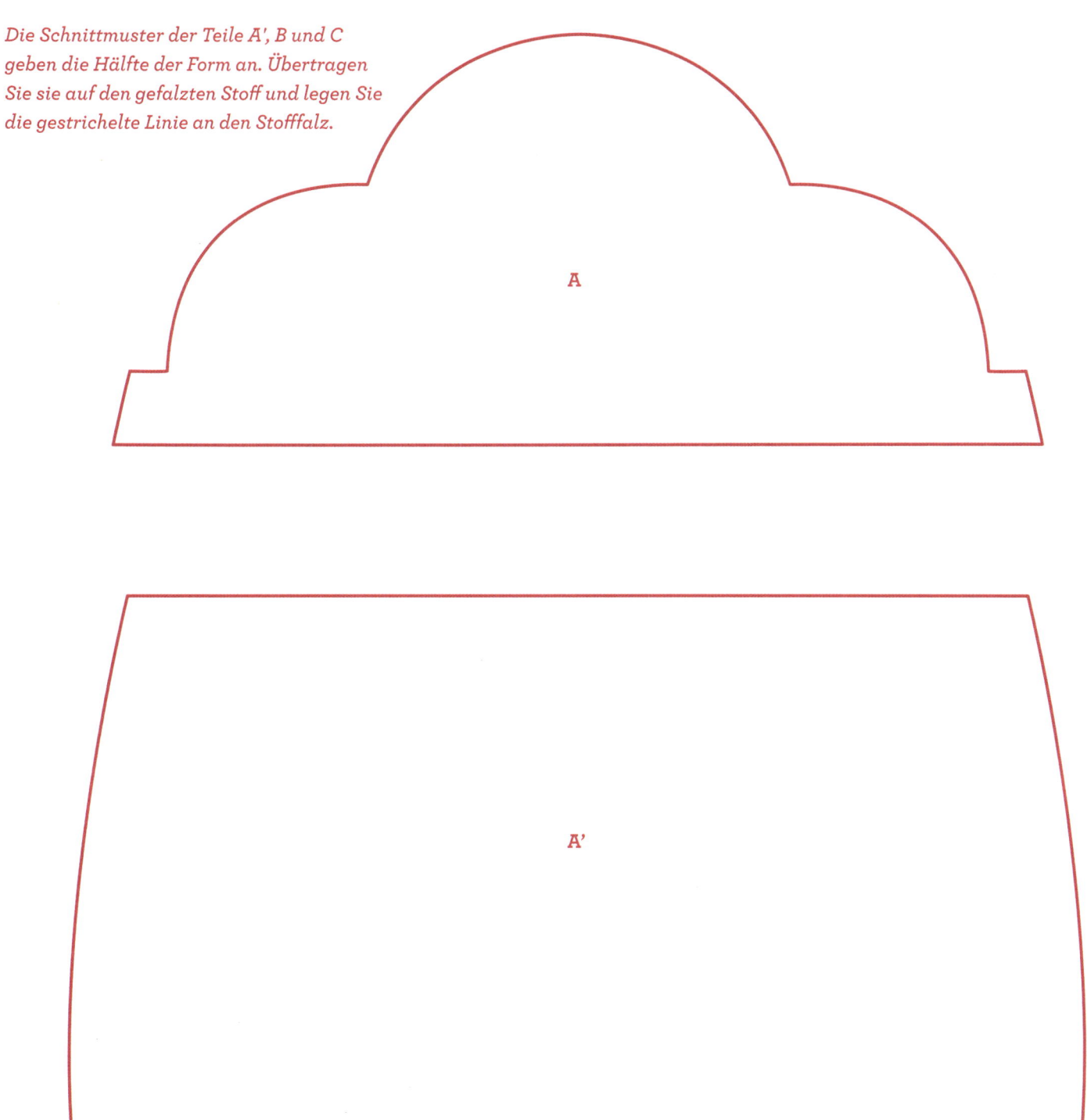

Die Schnittmuster der Teile A', B und C geben die Hälfte der Form an. Übertragen Sie sie auf den gefalzten Stoff und legen Sie die gestrichelte Linie an den Stofffalz.

A

A'

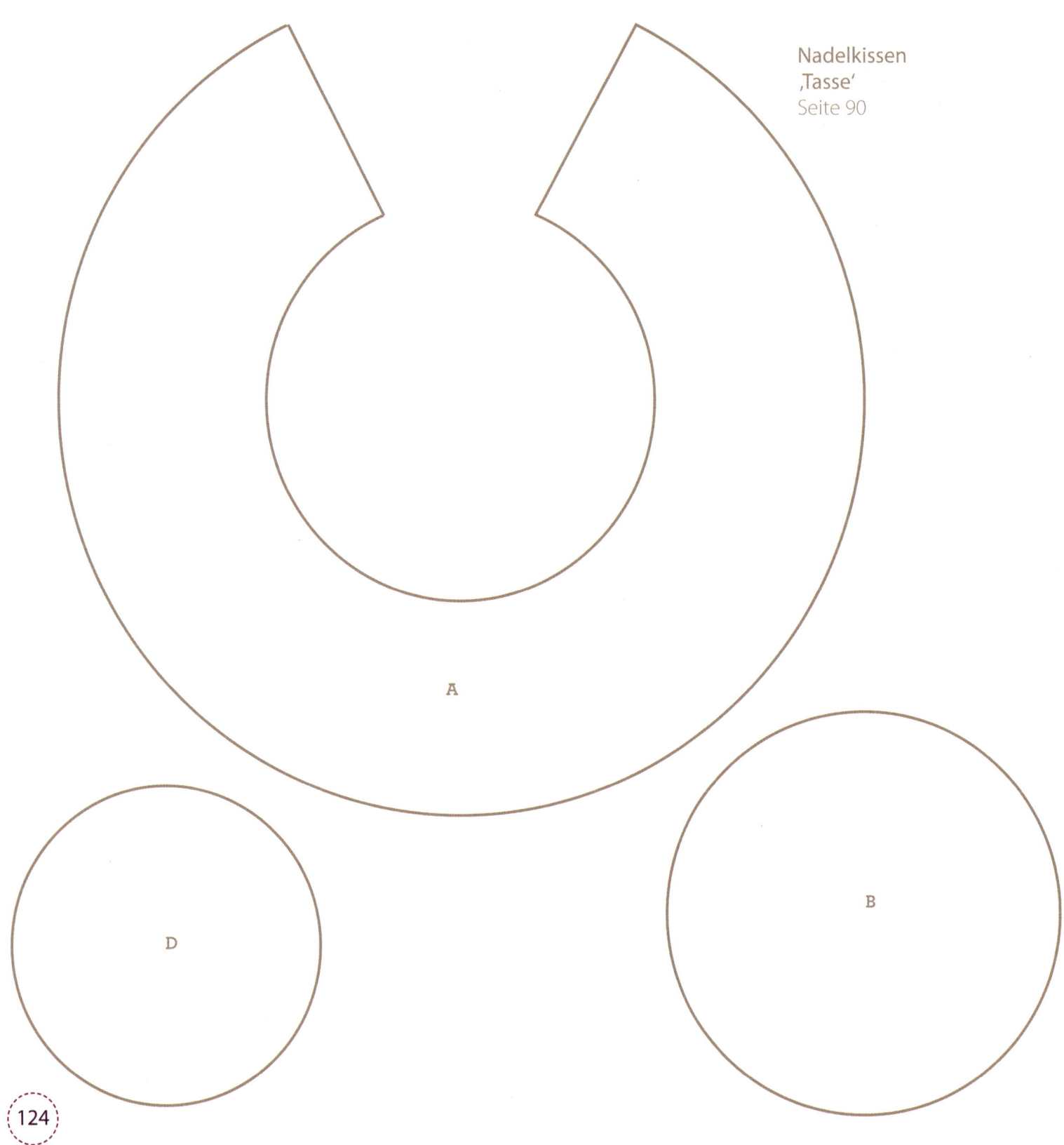

Nadelkissen
‚Tasse'
Seite 90

A

D

B

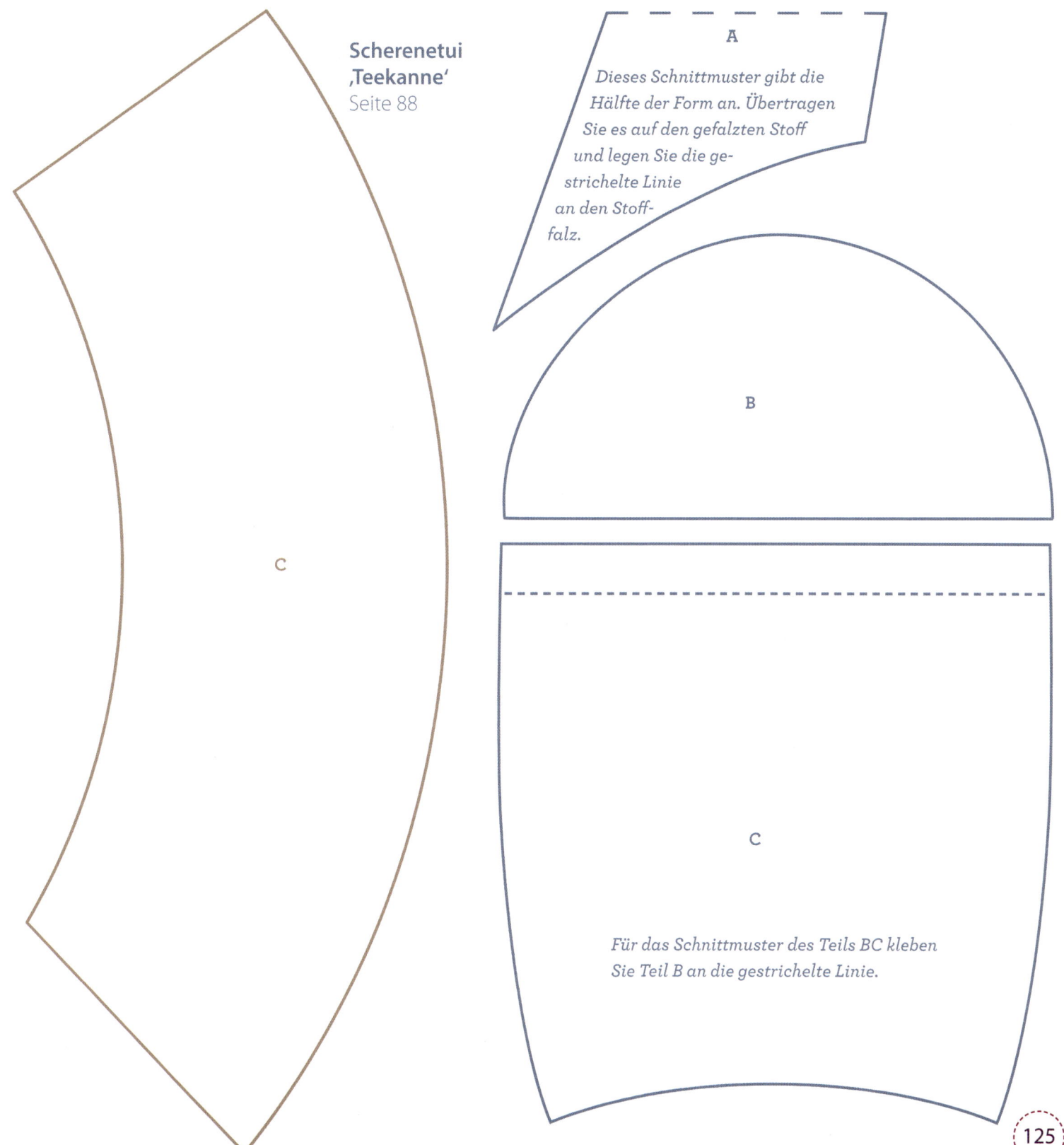

**Scherenetui
'Teekanne'**
Seite 88

A

*Dieses Schnittmuster gibt die
Hälfte der Form an. Übertragen
Sie es auf den gefalzten Stoff
und legen Sie die ge-
strichelte Linie
an den Stoff-
falz.*

B

C

C

*Für das Schnittmuster des Teils BC kleben
Sie Teil B an die gestrichelte Linie.*

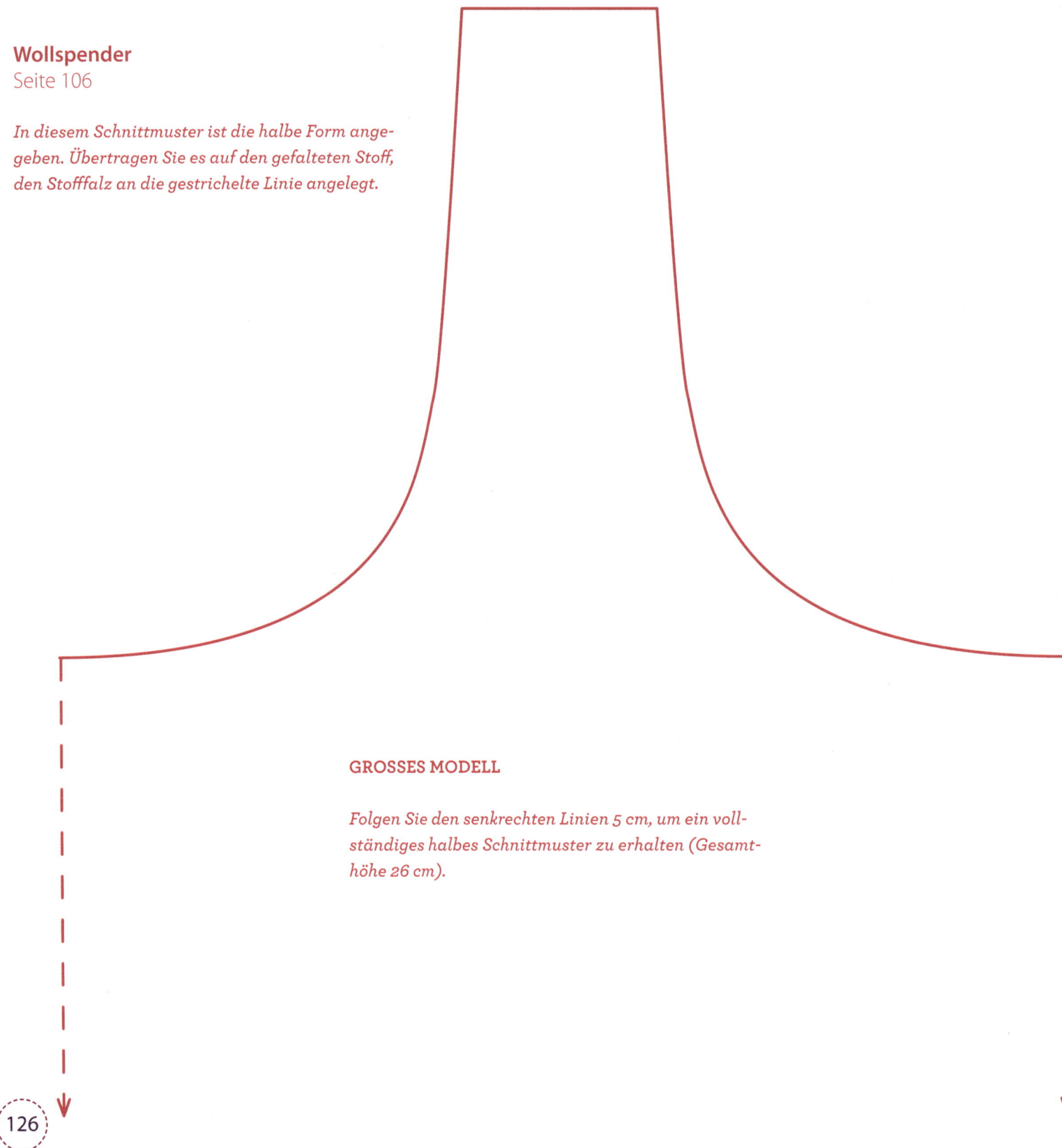

Wollspender
Seite 106

In diesem Schnittmuster ist die halbe Form angegeben. Übertragen Sie es auf den gefalteten Stoff, den Stofffalz an die gestrichelte Linie angelegt.

GROSSES MODELL

Folgen Sie den senkrechten Linien 5 cm, um ein vollständiges halbes Schnittmuster zu erhalten (Gesamthöhe 26 cm).

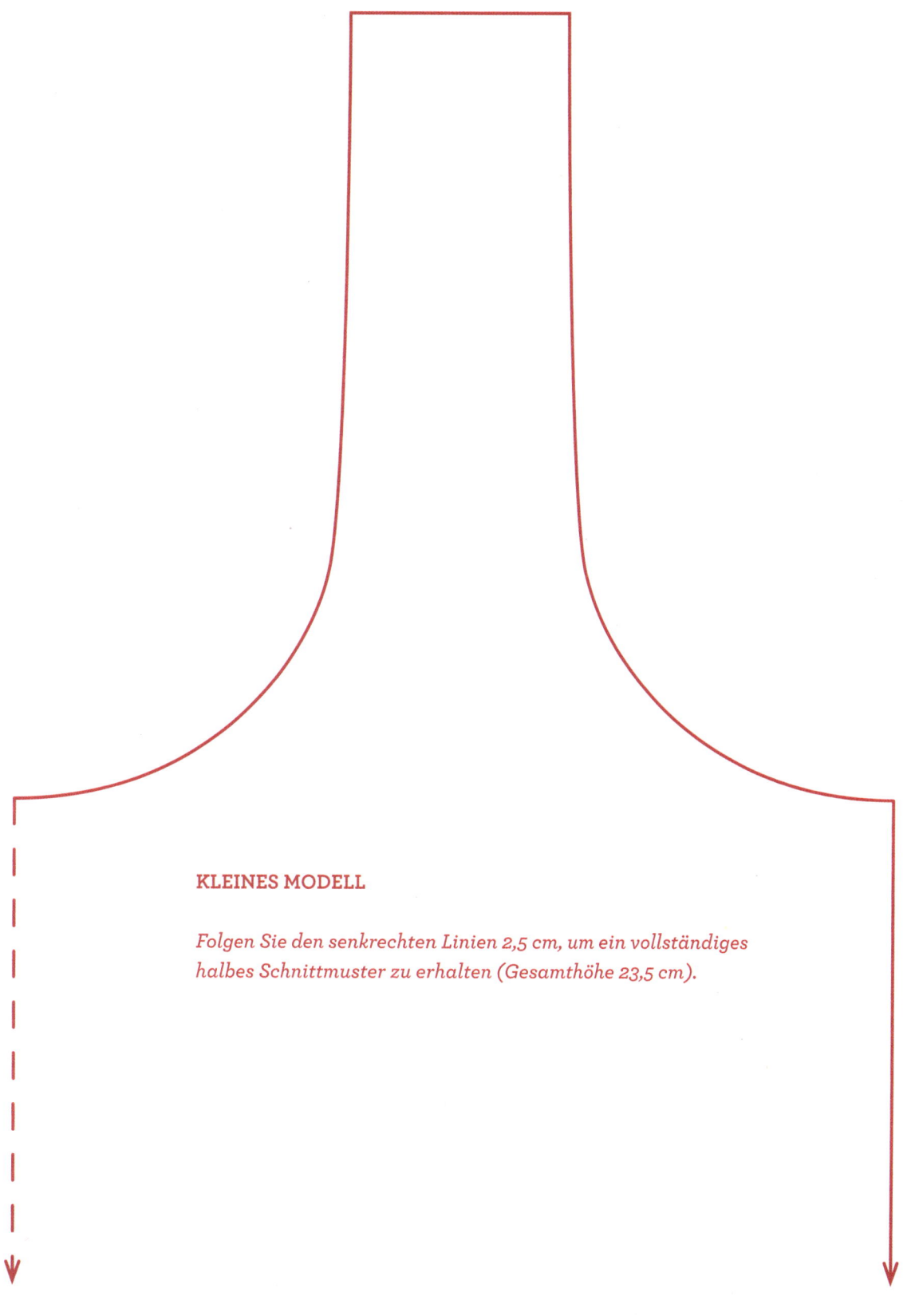

KLEINES MODELL

Folgen Sie den senkrechten Linien 2,5 cm, um ein vollständiges halbes Schnittmuster zu erhalten (Gesamthöhe 23,5 cm).

Danksagung der Autorin

*Die verwendeten Stoffe kommen teils aus meinen
Schubladen aber auch aus dem Geschäft "La droguerie" in Paris,
die auch Perlen, Knöpfe, eine große Auswahl an Liberty Stoffen
mit sehr originellen Motiven anbieten.
Dank auch meiner Freundin Solange und ihrem Geschäft
"Salon Aiguilles" mit ihrem Beitrag an Stoffen und Kurzwaren.
Ich danke Isabelle, die uns ein Stück begleitet hat und immer ange-
nehm und hilfsbereit war.
Mein Dank gilt Anne für ihre wertvollen Fragen.
Und vor allem geht meine Wertschätzung an Christine,
für ihr Vertrauen und ihre Begeisterung, mit der Sie mich
bei jedem neuen Projekt ansteckt.*

La droguerie
9-11, rue du Jour
75001 Paris
00 33 / 1 45 08 93 27
Öffnungszeiten und Filialen:
www.ladroguerie.com

Salon Aiguilles
35, rue de Montreuil
94300 Vincennes
00 33 / 1 43 28 57 04

Redaktionelle Leitung: Guillaume Pô
Redaktionsassistenz: Anne Demarty
Redaktion: Christine Hooghe
Künstlerische Leitung: Chloé Eve
Fotographie: Fabrice Besse
Styling: Sonia Roy
Layout: Vanessa Paris
Herstellung: Thierry Dubus und Aurélie Lacombe

Herzlichen Dank an Marylise Trioreau für ihre Hilfe

Herausgegeben 2012 von Fleurus Editions
Originaltitel "Mon atelier couture"
© by Fleurus Editions, Paris, www.fleuruseditions.com
© Deutsche Ausgabe LV·Buch im Landwirtschaftsverlag GmbH, 48084 Münster, 2012

Übersetzung: Petra Bös, Offenburg, www.petraboes.eu

ISBN 978-3-7843-5270-1